高职高专汽车专业系列教材

汽车性能评价与检测
(微课版)

肖 红　肖 建　唐先光　主　编
宋 林　王顺利　易小兰　副主编

清华大学出版社
北京

内 容 简 介

本书采用"教学项目+学习任务"的编写形式，内容对接汽车检测工作岗位，涵盖了机动车人工检验、汽车动力性与经济性评价、汽车制动性检测、汽车操纵稳定性检测、汽车舒适性和通过性评价、汽车排气污染物检测、汽车前照灯检测七个项目。每个项目下包含不同内容的学习任务，每个任务以思政导学、任务导入、理论知识、任务实施、学习评价、案例回顾与解析、拓展与创新的形式开展。尤其在任务实施部分，将岗位对应的工作任务按照实际工作过程进行了梳理，图文并茂，实用性强。此外，为方便读者了解整个汽车检测流程，对企业真实的在用机动车检测项目实施过程录制了视频，可帮助实训条件弱的企业和学校开展技能训练。

本书适合开设汽车检测与维修技术专业的高职院校使用，也适合各类培训机构使用，同时也可作为机动车检测从业人员的学习参考书。

本书封面贴有清华大学出版社防伪标签，无标签者不得销售。
版权所有，侵权必究。举报：010-62782989，beiqinquan@tup.tsinghua.edu.cn。

图书在版编目(CIP)数据

汽车性能评价与检测：微课版/肖红，肖建，唐先光主编. —北京：清华大学出版社，2023.3（2024.8重印）
高职高专汽车专业系列教材
ISBN 978-7-302-62911-5

Ⅰ. ①汽… Ⅱ. ①肖… ②肖… ③唐… Ⅲ. ①汽车—性能检测—高等职业教育—教材 Ⅳ. ①U472.9

中国国家版本馆 CIP 数据核字(2023)第 033619 号

责任编辑：石　伟
装帧设计：刘孝琼
责任校对：徐彩虹
责任印制：宋　林

出版发行：清华大学出版社
  网　　址：https://www.tup.com.cn, https://www.wqxuetang.com
  地　　址：北京清华大学学研大厦 A 座　　邮　编：100084
  社 总 机：010-83470000　　邮　购：010-62786544
  投稿与读者服务：010-62776969, c-service@tup.tsinghua.edu.cn
  质量反馈：010-62772015, zhiliang@tup.tsinghua.edu.cn
  课件下载：https://www.tup.com.cn, 010-62791865
印 装 者：三河市龙大印装有限公司
经　　销：全国新华书店
开　　本：185mm×260mm　　印　张：15.25　　字　数：371 千字
版　　次：2023 年 3 月第 1 版　　印　次：2024 年 8 月第 3 次印刷
定　　价：45.00 元

产品编号：094873-01

前　言

1. 课程说明

随着汽车检测法规的不断更新，传统教材内容已严重落后于最新法律法规的要求，企业要求高校培养能适应新时代需要的、具有创新能力的高技能、高素质人才。本教材肩负使命，为符合行业与企业需求，且考虑到学生学业生涯的可持续的发展，组建高校与企业专家团队，根据最新国家检测法规，以培养学生综合职业能力为目标，以汽车评价与检测典型工作任务为载体，以学生为中心编写了本教材。

2. 教材特点

(1) 依照 2021 年 12 月颁布的最新检测法规，教材实践内容采用了检测站使用的新设备、新检测工艺，保证了教材内容与学生工作内容的同步性和时效性。

(2) 课程思政方面，将国家标准、行业发展动态、技术发展方向、职业道德、工匠精神、榜样力量等融进教材，落实教材立德树人之根本任务。

(3) 在教材内容的组织形式上，以学生为中心，通过案例导入→知识链接→任务实施→学习任务评价表→案例回顾这一闭环系统，将"教材"转变为学生学习的"学材"。

(4) 为培养学生创新能力，在每个学习任务后，都有一个对应的创新与拓展项目用于培养学生的创新意识与创新精神。

(5) 联合企业共同打造课程数字化资源，并以微视频形式添加进课程资源库，供学习者使用。

3. 教材内容

教材编写由校企人员共同完成，全书共七个项目，讲授机动车人工检验、汽车动力性与经济性评价、汽车制动性检测、汽车操纵稳定性检测、汽车舒适性与通过性评价、汽车排气污染物检测、汽车前照灯检测等内容。其中项目一和项目七由肖红编写，项目六由肖建编写，项目四由唐先光编写，项目二由王顺利编写，项目三由宋林编写，项目五由易小兰编写，由四川交通部门直属的检测站——四川川运机动车检测有限公司贺宇主审。

本教材的编写过程中，参阅了国内公开出版、发表的文献资料，对文献的作者及提供资料的朋友们表示感谢。

由于本书内容新、知识面广，限于编者水平和能力有限，书中难免存在不足之处，恳请读者提出宝贵意见，以便更正。

编　者

目 录

习题案例答案及
课件获取方式

项目一　机动车人工检验 1

任务一　机动车性能检测概述 1
一、机动车检测的必要性 2
二、机动车检测标准 2
三、机动车"三检" 3
四、机动车"三增六减" 4
五、机动车年检时间和年检手续 5
六、机动车安全技术检验流程 6

任务二　联网查询与车辆唯一性检查 8
一、VIN 码 9
二、发动机号码 10
三、驱动电机号码 10
四、在用机动车安全技术检验项目 11
五、检验仪器设备 12
六、联网查询合格性判定 13
七、车辆唯一性检查合格性判定 13

任务三　车辆特征参数检查 18
一、车辆特征参数检查项目 19
二、检验仪器设备 20
三、车辆特征参数检查方法与合格性判定标准 20

任务四　车辆外观检查 29
一、车辆外观检查项目 31
二、检验仪器设备 31
三、车辆特征参数检查方法与合格性判定标准 32

任务五　安全装置检查 45
一、车辆特征参数检查项目 46
二、安全装置检查方法与合格性判定标准 46

任务六　底盘动态检验 58
一、车辆底盘动态检验项目 59
二、底盘动态检验方法 59
三、转向盘转向力-转向角检测仪 60
四、合格性判定标准 61

任务七　车辆底盘部件检查 67
一、车辆底盘部件检查项目 68

二、底盘部件检查方法与合格性判定标准 68

项目二　汽车动力性与经济性评价 77

任务一　汽车动力性评价 77
　　一、动力性的评价指标 78
　　二、动力性能的道路试验 80
　　三、动力性台架试验评价指标 82
　　四、底盘测功机的基本功能 83
　　五、底盘测功试验台检测方法 86

任务二　汽车经济性评价 90
　　一、燃油经济性的评价指标 91
　　二、燃油经济性的法规 92
　　三、燃油经济性的检测工况 92
　　四、影响汽车燃油经济性的因素 95

项目三　汽车制动性检测 99

任务一　汽车制动性评价 99
　　一、汽车制动性评价的目的 100
　　二、对汽车制动系的基本要求 100
　　三、制动性能的客观评价 100
　　四、制动性的主观评价 105
　　五、影响汽车制动性能的因素 106
　　六、制动性的检测 107

任务二　台试制动性能检测 110
　　一、台试制动性检测设备 111
　　二、台试制动性合格性判定 116

任务三　路试制动性能检测 126
　　一、路试制动检验要求 127
　　二、路式制动检验设备 127
　　三、路试制动性合格性判定 128

项目四　汽车操纵稳定性检测 134

任务一　汽车操纵稳定性评价 134
　　一、汽车行驶中的不稳定现象及原因 135
　　二、汽车操纵稳定性的评价 135
　　三、汽车操纵稳定性试验仪器设备 136
　　四、汽车操纵稳定性试验 137

任务二　转向轮横向侧滑量检测 141

　　　　一、转向轮侧滑产生的原因..142
　　　　二、侧滑检测台的类型与结构..143
　　　　三、需进行转向轮横向侧滑量检验的车型..................................143
　　　　四、转向轮侧滑量合格性判定..143
　　任务三　车轮动平衡检测..147
　　　　一、车轮平衡概念..148
　　　　二、车轮不平衡的现象及原因..149
　　　　三、汽车车轮动平衡检测设备..149
　　　　四、汽车轮胎动平衡检测标准..150
　　任务四　四轮定位检测..155
　　　　一、汽车四轮定位的基本知识..156
　　　　二、四轮定位仪..159
　　任务五　转向盘最大自由转动量检测..165
　　　　一、转向盘最大自由转动量定义..166
　　　　二、转向盘最大自由转动量的影响因素....................................166
　　　　三、转向盘最大自由转动量检测设备......................................166
　　　　四、转向盘最大自由转动量合格性判定....................................166

项目五　汽车舒适性与通过性评价..171

　　任务一　汽车舒适性评价..171
　　　　一、汽车平顺性..172
　　　　二、噪声..174
　　　　三、汽车空气调节性能..174
　　　　四、汽车的居住性..175
　　任务二　汽车通过性评价..178
　　　　一、汽车通过性几何参数..179
　　　　二、汽车支承通过性评价指标..182
　　　　三、影响汽车通过性的主要因素..182

项目六　汽车排气污染物检测..186

　　任务一　汽油车排气污染物检测..186
　　　　一、汽油车排放污染物的成因..187
　　　　二、汽油车排气污染物检测工况..188
　　　　三、汽车排气污染物检测设备与检测原理..................................189
　　　　四、汽油车排气污染物合格性判定标准....................................192
　　　　五、在用汽油车环保检验流程..192
　　任务二　柴油车排气污染物检测..205
　　　　一、柴油车排放污染物的种类与影响因素..................................206
　　　　二、柴油车排气污染物检测方法..208

三、柴油车排气污染物检测设备与检测原理 209
　　四、柴油车污染物排放合格性判定标准 210
　　五、在用柴油车环保检验流程 210

项目七　汽车前照灯检测 222
　　一、前照灯的评价指标 223
　　二、前照灯的结构 224
　　三、前照灯的配光特性 226
　　四、前照灯的合格性判定 227
　　五、汽车前照灯检测仪与检测原理 228

参考文献 236

《汽车性能评价与检测》A卷

《汽车性能评价与检测》B卷

《汽车性能评价与检测》课程教学大纲

项目一　机动车人工检验

任务一　机动车性能检测概述

知识目标

1. 熟悉最新执行的机动车检测标准。
2. 掌握不同类型与用途的机动车的检测年限。
3. 掌握机动车安全技术检验流程。

技能目标

能够针对不同的检测内容选出适用的检测标准。

素质目标

1. 严格按照最新检测标准作业，养成严谨、科学的工作态度。
2. 养成对知识进行加工和创新的思维。
3. 具备团结协作精神。

思政导学

汽车"体检"——防患于未然

据公安部统计，截至2021年3月，全国机动车保有量达3.78亿辆。机动车给我们生活提供方便的同时，也产生了一系列问题，如道路交通事故、环境污染等。据统计，2020年中国道路交通事故万车死亡人数为1.66人，其中部分交通事故的发生与汽车本身的故障有直接关系。每发生一起致人死亡的交通事故，都需要倒查检测机构等相关责任单位的责任，涉嫌检测机构违法违规的要追责。所以，年检是汽车行驶安全的一个基本保障程序，不仅是对自己的人身财产安全负责，也是对所有交通参与者的人身财产安全负责。环保方面，由于汽车尾气排放污染已经占据空气污染的60%，可谓相当之大，严控汽车尾气污染势在必行，因此，必须强制要求所有的机动车都满足污染排放标准。作为驾驶员，我们要具备对自己的汽车如期保养，定期安全检查的意识。正确理解车检即"体检"，有病则医、无病保养。作为汽车检测从业人员，要严格按照法律法规对在用车辆进行检测，让检测结果有法可依、有法必依。

任务导入

小赵在北京出差期间，购买了一辆北京牌照车龄为8年的二手轿车。出差结束后，小赵将车开回了成都。眼看12月1日就到年检截止日期了，由于是新司机，没有任何审车经验，他最担心的是年检地点的问题，其次是年检时需要准备的资料。作为专业技术人员，请你将机动车年检政策和年检手续告知小赵。

相关知识

一、机动车检测的必要性

根据《中华人民共和国道路交通安全法》的规定，机动车必须经过依法登记后，方可上路行驶。在机动车进行登记时，公安机关交通管理部门登记审查的项目之一，就是对机动车进行安全技术检验，只有安全技术检验合格的，才准予登记上路。《道路交通安全法》这样规定的目的，就是防止存在安全隐患的车辆上路，尽可能把事故隐患消灭在机动车登记环节。但是，车辆进行登记时的安全技术检验，是无法保证机动车的安全技术状况长期处于良好状态的。随着机动车投入使用后，其机械部件会随着使用而磨损。因此，对投入使用后的机动车定期进行安全技术检验是很有必要的。《道路交通安全法》第十三条规定，对登记后上道路行驶的机动车，应当依照法律、行政法规的规定，根据车辆用途、载客载货数量、使用年限等不同情况，定期接受安全技术检验。

二、机动车检测标准

汽车性能检测评价标准从高到低分为四类，依次为国家标准、行业标准、地方标准和企业标准。低级别标准必须服从高级别标准，因此低级别标准的限值往往比高级别标准的限值要求更加严格。

国家标准由国家制定，冠以"中华人民共和国国家标准"(GB)字样。国家标准一般由行业部委提出，由国家市场监督管理总局发布，具有强制性和权威性。

行业标准又称为部委标准，是国家部级机关制定并发布的标准，在部委系统内或行业系统内贯彻执行，一般冠以"中华人民共和国行业标准"字样，如交通行业标准《汽车维护工艺规范》(JT/T 201—1995)，"JT"代表交通运输部颁布的行业标准，"T"表示推荐性标准。行业标准在一定范围内具有强制性和权威性。

地方标准是省、市、县级地方政府制定并发布的标准，在地方范围内执行，在所辖区域内具有强制性和权威性，如北京市地方标准《装用点燃式发动机汽车排气污染物限值及检测方法》(DB 11/318—2005)等。

企业标准包括汽车制造厂推荐的标准、汽车运输企业和汽车维修企业内部制定的标准、检测仪器设备制造厂推荐的参考性标准三种类型。

目前，机动车检测所涉及的标准有以下几种。
(1) GB 38900—2020《机动车安全技术检验项目和方法》。
(2) GB 7258—2017《机动车运行安全技术条件》。
(3) GB 1589—2016《汽车、挂车及汽车列车外廓尺寸、轴荷及质量限值》。
(4) GB 4785—2019《汽车及挂车外部照明和光信号装置的安装规定》。
(5) GB 11567—2017《汽车及挂车侧面和后下部防护要求》。
(6) GB 13094—2017《客车结构安全要求》。

(7) GB 16735—2019《道路车辆 车辆识别代号(VIN)》。
(8) GB 20300—2018《道路运输爆炸品和剧毒化学品车辆安全技术条件》。
(9) GB/T 21085—2020《机动车出厂合格证》。
(10) GB 24407—2012《专用校车安全技术条件》。
(11) GA 801—2019《机动车查验工作规程》。
(12) GA 802—2019《道路交通管理 机动车类型》。
(13) GB 18285—2018《汽油车污染物排放限值及测量方法》。
(14) GB 3847—2018《柴油车污染物排放限值及测量方法》。

2020 年 5 月 26 日，国家市场监督管理局和国家标准化管理委员会联合发布 2020 年第 12 号公告，批准发布 GB 38900—2020《机动车安全技术检验项目和方法》强制性国家标准，于 2021 年 1 月 1 日正式实施。GB 38900—2020《机动车安全技术检验项目和方法》代替 GB 21861—2014《机动车安全技术检验项目和方法》和 GB 18565—2016《道路运输车辆综合性能要求和检测方法》。

需要说明的是，目前在道路上行驶的部分机动车出厂日期在 2012 年 9 月 1 日至 2017 年 12 月 31 日之间，当时执行的 GB 7258 版本是 GB 7258—2012；部分机动车出厂日期在 2004 年 10 月 1 日至 2012 年 8 月 31 日之间，当时执行的 GB 7258 版本是 GB 7258—2004；少部分机动车出厂日期在 2004 年 10 月 1 日以前，当时执行的 GB 7258 版本是 GB 7258—1997。机动车安全技术检验人员也应掌握 GB 7258—2012、GB 7258—2004、GB 7258—1997 的相关要求，要重点关注人工检验项目和要求。

我国为了全面贯彻《中华人民共和国环境保护法》和《中华人民共和国大气污染防治法》，有效监控汽车污染物排放标准，改善环境空气质量，发布了 GB 18285—2018《汽油车污染物排放限值及测量方法(双怠速法及简易工况法)》和 GB 3847—2018《柴油车污染物排放限值及测量方法》。

相比 GB 18285—2005 和 GB 3847—2005，新环保检测标准主要修订内容如下。
(1) 增加了外观检验、OBD 检查等内容。
(2) 增加了检验流程和检验项目。
(3) 增加了氮氧化物排放限值及测量方法，并调整了烟度排放限值。
(4) 增加了检测记录项目和检测软件要求。
(5) 明确了环保监督抽测内容和方法。
(6) 删除了关于压燃式发动机和新生产汽车型式核准的要求。
(7) 本标准由生态环境部大气环境司和法规与标准司组织修订。
(8) 本标准自 2019 年 05 月 01 日起实施，自实施之日起，GB 3847—2005 和 HJ/T 241—2005 同时废止，现有相关地方排放检验标准也废止。

三、机动车"三检"

机动车的检测根据不同的车型和用途，分为了安检、环检和综检。

1. 安检

安检全称机动车安全技术检验，由公安交通管理部门委托具有安检资质的检测机构进行，实施对象为全社会所有机动车辆，要求为达到安全运行的基本条件，由公安交警部门负责管理。

2. 环检

环检全称是汽车环保检测，是指在现场或运转试验台上对机动车规定检测工况下排出废气的组分、浓度进行分析测定，由环境保护行政主管部门负责监督与管理。

3. 综检

综检全称汽车综合性能检测，又分为两种类型：营运车辆技术等级评定检测、汽车二级维护竣工质量检测(抽检)。由交通运输行政管理部门进行监督管理。

在未提倡"三检合一"或者"两检合一"前，对于道路运输车辆需定期进行机动车安全技术检验、汽车综合性能检测和环保检测。非营运轿车需定期进行机动车安全技术检验、和环保检测。很多地方检测站因资质问题，只能进行一项或者两项检测，使得车主不得不到多个地方检车，且安全技术检验和综合性能检测有部分项目重叠，对车主也产生了重复检测费用。为了切实减轻道路货运车辆经营者负担，推进物流行业降本增效，2019年4月，国家市场监督管理总局与国家发展和改革委员会联合印发《关于抓紧推进"三检合一"强制性国家标准整合修订等有关工作的通知》，要求整合修订机动车安全技术检验、综合性能检验和环保检验等现行标准，形成协调一致、适用于包括营运车辆在内的机动车安全检验标准和环保检验标准。目前，某些省会城市已率先对道路货运车辆年检(安全技术检验)、尾气检测、年审(综合性能检测)依法合并，实现了货车"三检合一"。车主在相关检验检测机构可以实现检车"一次上线、一次检测、一次收费"，检验完成后，车主同时取得安检、综检两份检验检测报告，对同一项检测项目无须重复缴费，方便了车主，大大地节约了时间和经济成本。

四、机动车"三增六减"

2021年，根据最新标准，货运车辆实行"三增六减"举措，即在原来的年检项目中删除六个固有项目，新增三个新项目。

1. 增加的项目

(1) 增加轮胎花纹深度检测。新标准中，要求使用轮胎花纹深度计测器对轮胎进行检测，若轮胎磨损严重且深度不符合标准的，将不能通过年检。每辆车的轮胎规格、尺寸以及花纹都有相应的标准，轮胎直接影响制动效果，加强管控非常有必要。

(2) 增加汽车轴距检测。这项检测是为了保证车身刚性，杜绝车主私自改装。

(3) 增加车辆举升装置。相比地沟观察车辆底盘的方法，举升装置检测能更清楚地观察到车辆底盘的部件情况。

2. 取消的项目

(1) 取消动力性检测。取消油门踩到底的"地板油"动力性检测项目。

(2) 取消电子手刹检测。取消电子手刹检测能避免部分车型在用车时启动电子手刹造成系统冲突，产生电子故障等情况。

（3）取消车内噪声检测。当汽车开了一段时间后，车内通常会出现一些异响。随着新车在隔音性方面做得越来越好，即便驾驶了几年，也不会出现较大的噪声。

（4）取消车速表误差检测。随着汽车工业的进步，车速误差并不会太大。

（5）取消前照灯偏差检测。前大灯作为夜间行驶的保障，，只要车主没有手动调整，基本不会出现前照灯偏移问题。

（6）取消悬架检测。以前造车技术比较单一，悬架经常会出现问题，年久失修的悬架还会带来安全隐患。现在汽车出厂前就已经对悬架进行严格的检测，故新标准取消本项目检测。

五、机动车年检时间和年检手续

1. 年检时间

（1）非营运轿车(包括非营运轿车、非营运小型和微型载客汽车，2020年11月20日起，7～9座非营运小微型客车纳入免检范围，面包车除外) 6年内免予上线检测，只需每两年申请检验标志；超过6年不满10年的，检验周期为每两年检验1次；对10～15年的，每年检验1次；15年以上的，每6个月检验一次。

（2）营运载客汽车5年以内每年检验1次；超过5年的，每6个月检验1次。

（3）载货汽车和大型、中型非营运载客汽车10年以内每年检验1次，超过10年的每6个月检验1次。

（4）摩托车4年以内每2年检验1次；超过4年的，每年检验1次。

注：以下情况将不能享受免检政策，仍按原规定周期检验。

（1）车辆发生过伤亡交通事故。

（2）车辆因为非法改装被查处。

（3）面包车不在免检范围。

（4）自车辆出厂之日起，超过4年未办理注册登记手续的。

2. 年检手续

机动车检测可在截止日期前三个月进行。需要注意的是，汽车年检的时间不是根据具体的日期，而是根据月份来进行计算的。比如汽车年检到期时间是9月10日，可以预约在7、8、9三个月份任意一天进行汽车检测。根据《中华人民共和国道路交通安全法》的规定，如果未年检的车辆上路，对驾驶员给予200元以下罚款并记扣3分的处罚。

根据GB 38900—2020 5.1.2条的规定，在用机动车安全检验时，应提供送检机动车有效的机动车交通事故责任强制保险凭证(挂车以及实现电子保单、保险信息联网核查的除外)和机动车行驶证。

3. 年检标签电子化

从2020年3月1日起，北京、天津、上海、重庆、哈尔滨、南京、杭州、宁波、济南、株洲、深圳、海口、成都、贵阳、玉溪、乌鲁木齐等16个城市成为第一批机动车检验标志电子化试点城市。检验标志电子凭证与纸质凭证具有同等效力，已领取检验标志电子凭证的车辆,不需要再粘贴纸质标志,交管部门不得以机动车未放置(粘贴)检验标志为由进行处罚。检验标志电子凭证可以下载并保存在手机中,方便手机离线时出示使用。

六、机动车安全技术检验流程

根据 GB 38900—2020 的要求,机动车安全技术检验流程如图 1-1 所示,检验机构可根据实际情况适当地调整检验流程。

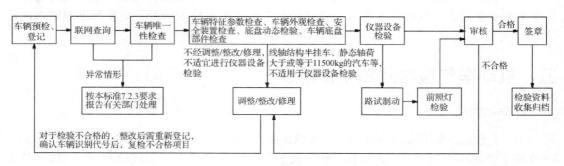

图 1-1　机动车安全技术检验流程

学习任务评价表

时间：40 min　　　　小组_____　　　　姓名_____

评价项目	评价标准	配分	自评		互评	
			等级	得分	等级	得分
素养能力	主动学习并完成预习内容	10				
	遵守纪律,遵守学习场所管理规定	10				
	具有良好的表达能力,善于总结	10				
	具有创新思维,完成拓展部分任务	10				
专业知识与能力	熟知机动车年检时间和年检手续	10				
	熟悉国家最新的检测法规	10				
	正确理解"三检""三增六减"的目的	10				
	熟练掌握机动车安全技术检验流程	10				
按时完成	在规定时间内完成学习内容	20				
个人自评与小组互评得分						
教师反馈						
教师评价						

实际完成时间：_____　　　　考核教师：_____

备注：评价等级为掌握、基本掌握、没有掌握。

案例回顾与解析

小赵在北京出差期间，购买了一辆北京牌照的车龄为8年的二手5座轿车。出差结束后，小赵将车开回了成都。眼看12月1日就到年检截止日期了，由于是新车手，没有任何审车经验，他最担心的是年检地点的问题，其次是年检时需要的资料。作为专业技术人员，请你将机动车年检政策和年检手续告知小赵。

1. 关于年检周期

由于小赵的车是一辆5座私家车，车龄8年。根据年检标准，超过6年不满10年的私家车，检验周期为每两年检验1次；小赵的车今年是第8年，应上线进行检测。

2. 关于异地车检政策

为落实公安部推出的20项交通管理"放管服"改革新措施，自2018年9月1日起，全面推行小型汽车、货车和中型客车跨省异地检验，实现全国范围"通检"。申请人可以在机动车登记地以外的省份直接检验，申领检验合格标志，无须办理委托检验手续。故小赵可以直接在成都任何一家汽车检测机构对他的二手车进行检测。

3. 年检手续

如果小赵是自己亲自去检测，需要带上机动车行驶证、身份证、交强险保单(部分城市不做要求，因可以在车辆登记时查到电子保单)。如果小赵需要委托他人去代办，需要带上行驶证、代办人身份证，交强险保单。

创新与拓展

问题描述	目前，绝大多数地区汽车年检实现了网络办理，便捷省时。但是，也有部分老车主对网络办理犯难，他们不懂如何使用电子产品实现预约和申请。请同学们重新设计检测站的业务窗口，不仅能实现线上业务办理，且能照顾部分不适应数字化服务的老年车主，所有业务办理流程实施内部流转，打造"一窗通办"窗口，实现缴费、签证、领取证件及车钥匙所有业务一窗办结，推动服务优化升级
创新创效点	
关键技术和主要技术指标	

实现方法或途径	

任务二　联网查询与车辆唯一性检查

知识目标

1. 了解最新执行的检验法规。
2. 熟悉 VIN 码、发动机号码、驱动电机号码常见位置与意义。
3. 掌握车辆唯一性检验方法。

技能目标

1. 能够使用仪器设备对车辆的唯一性进行检测。
2. 能对检测结果进行合格性判定。
3. 能对不合格车辆提出整改建议。

联网查询

车辆唯一性检查

联网查询

车辆唯一性检查

素质目标

1. 严格按照机动车安全技术检验法规作业，养成严谨、科学的工作态度。
2. 养成良好的安全作业习惯。
3. 严格执行 5S 现场管理。
4. 具备团结协作精神。

思政导学

严谨检车——让车检成为车辆安全的过滤器

汽车 VIN 码就像是人的身份证号码，所以在汽车保险理赔的业务系统中，通过 VIN 码即可快速录入事故车辆信息，也可用于匹配汽车 4S 店或者维修厂的配件信息，对于出了保险、事故等问题时，能有效提高办事效率和理赔的透明度。

在车辆安全技术检验过程中，通过智能检测终端，可以查询到车辆是否出过交通事故、起火、进水等事件。而一些不良修理机构为了牟利，会修复汽车的 VIN 码，给"套牌"车鱼目混珠的机会；此外，不少车主热衷"DIY"，有的甚至还偷偷更换更强劲的发动机以追求优越的动力性。这类违法事件时有发生，这就要求汽车检验员在做唯一性检查时，必须严格检查汽车的 VIN 码和发动机号码等信息，确保汽车没有被非法改装。一旦发现有异常，务必按程序上报有关执法部门，让车检成为车辆安全的过滤器。

任务导入

成都的李先生因自己的私家车快到年检规定期限，就提前到当地一家汽车检测站审车，谁知在外检时，检测员在联网查询时查到李先生有七个违章，故无法通过年检。让李先生吃惊的是，这些违章都发生在广东一带，可近一年他都没有去过违章地带，李先生怀疑自己的车被套牌了。如果你是汽车检测员，请你告诉李先生他这种情形是怎么产生的，以及他应该怎么维护自己的合法权益。

相关知识

一、VIN 码

车辆识别代码也常被称为 VIN 码(vehicle identification number)，是车辆生产厂家为所生产的汽车指定的一组代码，这也是目前国际通用的车辆识别制度和方法，我国自 1999 年开始实行。

VIN 码由 17 位字母和数字组成，经过排列组合，可以使各汽车制造厂生产的车型在 30 年之内不会发生重号现象，这很像我们的身份证不会产生重号一样，它具有对车辆的唯一识别性，因此又有人将其称为"汽车身份证"。

VIN 基本分为三大部分，如图 1-2 所示。

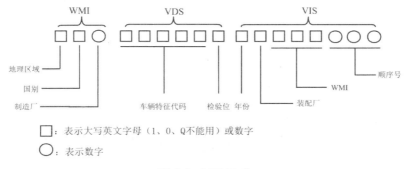

图 1-2 VIN 组成

第一部分——世界制造厂识别代码(WMI)，用来标识车辆制造厂的唯一性，通常占车辆识别代号(VIN)的前三位。

第二部分——车辆说明部分(VDS)，说明车辆的一般特性，由车辆识别代号(VIN)的第 4

位到第 9 位共六位字符组成。如果制造厂不用其中一位或几位字码,应在该位置填入制造厂选定的字母或数字占位。该部分的最后一位(即 17 位代码中的第 9 位)为制造厂检验位。由 0~9 中的任一数字或字母 X 标明,其作用是核对 VIN 码记录的准确性。

第三部分——车辆指示部分(VIS),制造厂为了区别不同车辆而指定的一组字符,车辆指示部分由车辆识别代号(VIN)的后八位字符组成,其最后四位字符应是数字。一般情况下,汽车召回都是针对某一顺序号范围内的车辆,即某一批次的车辆。

二、发动机号码

每一台发动机的编号都是世界上唯一的一个。发动机好比就是人,发动机号就是人的身份证号。通过这个编号就知道该发动机的生产年月和出厂时间。发动机号码由四部分组成,如图 1-3 所示。

首部:为产品系列符号和换代标志符号,由制造厂根据需要自选相应字母表示,但需相关部门核准。

中部:由缸数符号、冲程符号、气缸排列形式符号和缸径符号等组成。

后部:结构特征和用途特征符号,以字母表示。

尾部:区分符号。同一系列产品因改进等原因需要区分时,由制造厂选用适当的符号表示。

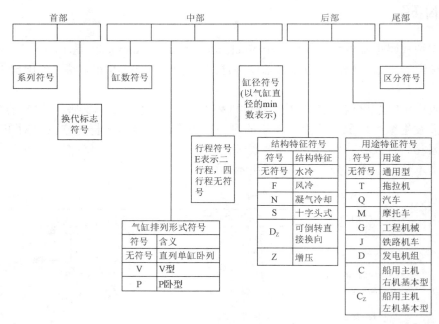

图 1-3 发动机号码

三、驱动电机号码

在 GB/T 18488—2015《电动汽车用驱动电机系统》第一部分技术条件中,规定了电动汽车用驱动电机系统的型号命名。驱动电机型号由驱动电机类型代号、尺寸规格代号、信号反馈元件代号、冷却方式代号、预留代号五部分组成，如图1-4所示。

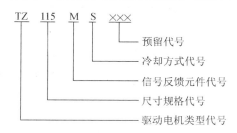

图1-4 驱动电机号码

1. 驱动电机类型代号

KC——开关磁阻电机。
TF——方波控制型永磁同步电机。
TZ——正弦控制型永磁同步电机。
YR——异步电机(绕线式)。
YS——异步电机(鼠笼式)。
ZL——直流电机。
其他类型驱动电机的类型代号由制造商参照GB/T 4831进行规定。

2. 尺寸规格代号

尺寸规格代号一般采用定子铁心的外径来表示，对于外转子电机，采用外转子铁心外径来表示。

3. 信号反馈元件代号

M——光电编码器。
X——旋转变压器。
H——霍尔元件。
无传感器不必标注。

4. 冷却方式代号

S——水冷方式。
Y——油冷方式。
F——强迫风冷方式。
非强迫冷却方式(自然冷却)不必标注。

5. 预留代号

预留代号用英文大写字母或阿拉伯数字组合，其含义由制造商自行确定。

四、在用机动车安全技术检验项目

表1-1所示是不同类型在用机动车在联网查询与车辆唯一性检查的界定。■表示该检测项目适用于该类车在用机动车安全检验的全部车型。

表 1-1　在用机动车安全技术检验项目

序号	检验项目		适用车辆类型					
			载客汽车		货车(三轮汽车除外)、专项作业车	挂车	三轮汽车	摩托车
			非营运小型、微型载客汽车	其他类型载客汽车				
1	联网查询	车辆事故、违法、安全缺陷召回等信息	■	■	■	■	■	■
2	车辆唯一性检查	号牌号码和分类	■	■	■	■	■	■
		车辆识别代号(或整车出厂编号)	■	■	■	■	■	■
		发动机号码/驱动电机号码	■	■	■		■	■
		车身颜色和车辆外形	■	■	■	■	■	■

五、检验仪器设备

为进行汽车联网查询与车辆唯一性检查，需配备相应的检验仪器设备，如表 1-2 所示。

表 1-2　检验仪器设备

序号	检验设备	主要用途
1	检验智能终端(PDA)如图 1-5 所示	用于拍摄检验照片或视频，记录检验信息，判断检验结果、查询《道路机动车辆生产企业及产品公告》等
2	内窥镜，如图 1-6 所示	用于辅助观察车辆识别代号、发动机号码/驱动电机号码打刻部件周边位置情况
3	放大镜，如图 1-7 所示	用于对车辆识别代号、发动机号码/驱动电机号码打磨、凿改、挖补、垫片、重新打刻等异常情形；也可用于辅助观察车辆识别代号、发动机号码/驱动电机号码打刻部件周边位置情况
4	强光手电，如图 1-8 所示	用于车辆识别代号、发动机号码/驱动电机号码、底盘、发动机舱检查的辅助照明
5	金属探伤仪，如图 1-9 所示	用于探测 VIN 码打刻部位是否有焊接、打磨等情形

图 1-5　检验智能终端(PDA)

图 1-6　内窥镜

项目一　机动车人工检验

图 1-7　放大镜

图 1-8　强光手电

图 1-9　金属探伤仪

六、联网查询合格性判定

注册登记安全检验和在用机动车安全检验时，联网查询送检机动车事故、违法、因安全缺陷召回等信息。

(1) 对发生过造成人员伤亡交通事故的送检机动车，人工检验时应重点检查损伤部位和损伤情况，属于使用年限在 10 年以内的非营运小型、微型载客汽车的，检验项目增加底盘动态检验、车辆底盘部件检查。

(2) 对涉及尚未处理完毕的道路交通安全违法行为或道路交通事故的送检机动车，应提醒机动车所有人及时到公安机关交通管理部门处理。

(3) 对送检机动车状态为"被盗抢""注销""达到报废标准""事故逃逸""锁定"情形的，应报告当地公安机关交通管理部门处理。

(4) 发现送检机动车达到召回计划实施周期而未实施召回的，应提醒机动车所有人及时进行召回处置。

七、车辆唯一性检查合格性判定

在用车安全技术检验时，车辆唯一性检查包括号牌号码和分类、车辆品牌和型号、车辆识别代号、发动机号码/驱动电机号码、车身颜色和车辆外形等检查项目，具体检查方法及说明如表 1-3 所示。

表 1-3　车辆唯一性检查方法与合格性判定

序号	项目	检查方法与合格性判定
1	号牌号码和分类	目视检查。 在用机动车安全检验时，检查送检机动车的号牌号码和分类与机动车行驶证签注的内容是否一致，不一致则判定不合格
2	车辆品牌和型号	目视检查。 与行驶证信息是否一致，不一致判定为不合格
3	车辆识别代号(或整车出厂编号)	目视检查。 车辆识别代号拍照要求为能清晰显示打刻的车辆识别代号，对于无法清晰拍摄的机动车，允许拍摄车辆识别代号的拓印膜

续表

序号	项目	检查方法与合格性判定
3	车辆识别代号(或整车出厂编号)	目视难以清晰辨别时使用内窥镜等工具。 在用机动车安全检验时应使用检验 PDA 拍摄打刻的车辆识别代号；大中型客车、重中型货车、重中型挂车应使用 PDA 由近及远(从只有车辆识别代号逐步显示整辆车进而展示车辆前部区域)拍摄车辆识别代号视频，视频应能清晰(达到高清)显示车辆识别代号、打刻区域情况以及车辆前部特征等；有条件时，使用 VIN 码信息读取仪器采集、比对车载 ECU 记载的车辆识别代号等信息；有疑问(检查过程中质疑存在凿改、挖补、打磨、垫片、重新涂漆情形)时，可采用金属探伤仪、油漆层微量厚度检验仪等仪器设备。如确定为人为因素恶意篡改，判定该项目不合格
4	发动机号码/驱动电机号码	目视检查。 在用机动车安全检验时，如打刻(或铸出)的发动机号码/驱动电机号码不易见，且易见部位或覆盖件上的发动机/驱动电机标识缺失的，使用内窥镜等工具进一步确认。如发动机号与行驶证信息不一致或恶意篡改的，判定该项目不合格
5	车身颜色和车辆外形	目视检查。 在用机动车安全检验时，检查车身颜色和车辆外形与机动车行驶证上的车辆照片是否一致，不一致则判定为不合格

任务实施

按照以下任务的技术要求，对车辆进行联网查询和唯一性检查，并完成表 1-4 中内容。

表 1-4 机动车安全技术检验表(人工检验部分)

序号	检验项目		判定结果
1	① 联网查询 对发生过造成人员伤亡交通事故的送检机动车，人工检验时应重点检查损伤部位和损伤情况_____；其他不符合情形_____。		
2	车辆唯一性检查	② 号牌号码和分类	
		③ 车辆品牌和型号	
		④ 车辆识别代号(或整车出厂编号)	
		⑤ 发动机号码/驱动电机号码	
		⑥ 车身颜色和车辆外形	

一、联网查询

图 1-10 确认车型

□完成

□未完成，原因：

技术要求：

确认有无造成人员伤亡事故，有无违章未处理，是否有因安全缺陷召回等情形。

如图 1-10 所示。

二、车辆唯一性检查

1. 号牌号码和分类。

图1-11 左前方斜视45°拍照

☐ 完成
☐ 未完成,原因:
技术要求:
(1) 目视检查。
(2) 送检车的号牌号码和分类与行驶证签注内容一致。
(3) 左前方斜视45°拍照,车后方斜视45°拍照时清晰显示号牌。
如图1-11所示。

2. 车辆品牌和型号。

图1-12 检查车辆品牌和型号

☐ 完成
☐ 未完成,原因:
技术要求:
(1) 目视检查。
(2) 与行驶证签注内容一致。
如图1-12所示。

3. 车辆识别代号。

图1-13 检查车辆识别代号

☐ 完成
☐ 未完成,原因:
技术要求:
(1) 目视检查。
(2) 能清晰地显示打刻的车辆识别代号。
如图1-13所示。

4. 发动机号码/驱动电机号码。

图1-14 检查发动机号码

☐ 完成
☐ 未完成,原因:
技术要求:
(1) 目视检查。
(2) 能清晰地显示打刻的发动机号码(见图1-14)/驱动电机号码(见图1-15)。

图 1-15　检查驱动电机号码

5. 车身颜色和车辆外形。

□完成

□未完成，原因：

技术要求：

(1) 目视检查。

(2) 车身颜色和车辆外形与行驶证上车辆照片一致。

(3) 左前方斜视 45°、左后方斜视 45°拍照时清晰显示车身颜色和车辆外形。

如图 1-16 所示。

图 1-16　清晰显示车身颜色和车辆外形

学习任务评价表

时间：40 min　　　小组_____　　　姓名_____

评价项目	评价标准	配分	自评		互评	
			等级	得分	等级	得分
素养能力	穿工装，做好劳动保护措施	10				
	遵守纪律，遵守学习场所管理规定，服从安排	10				
	具有安全意识、责任意识、5S 管理意识，注重节约、节能与环保	10				
	具有团队合作意识、注重沟通，能自主学习和相互协作	10				
专业知识与能力	正确使用智能终端进行联网查询	10				
	对车辆唯一性检查项目进行正确检查	10				
	对检测结果进行合格性判定	10				
	对不合格的检查项目给出判定依据	10				
按时完成	在规定的时间内完成检测项目	20				
个人自评与小组互评得分						
教师反馈						
教师评价						

实际完成时间：_____　　　　　考核教师：_____

备注：评价等级为掌握、基本掌握、没有掌握。

案例回顾与解析

成都的李先生因自己的私家车快到年检规定期限,就提前到当地一家汽车检测站审车,谁知在外检时,检测员在联网查询时查到李先生有七个违章,故无法通过年检。让李先生吃惊的是这些违章都发生在广东一带,可近一年他都没有去过违章地带,李先生怀疑自己的车被套牌了。如果你是汽车检测员,请你告诉李先生他这种情形是怎么产生的,以及他应该怎么维护自己的合法权益。

1. 套牌车产生原因大多是以下三种。

(1) 境外走私车辆。可能为了逃避关税,或者是拼装车,或者是质量严重不合格的车辆等,这些车都是无法通过合法手段获得牌照的,使用过程中会严重威胁到自己和他人的生命安全。

(2) 盗抢车、报废车。这类车在交管部门都是有备案的,根本无法获得合法牌照,报废车不是车辆老化就是无法修复的车,这类车上路将会将严重危害自己和他人的生命安全。

(3) 违章行驶、非法改装无法通过年检的车辆。很多人车辆本身有合法牌照,但是为了逃避违章处罚,套用他人牌照。非法改装的车辆由于无法通过年检,牌照会被吊销。前一类车辆质量本身没有问题,但是这种行为值得唾弃。

2. 车辆被套牌后怎么办?

(1) 收集一切对自己有利的证据。

在确定你的车被人套牌后,就果断开始收集一切对你有利的证据包括车辆外观的照片、各种停车小票、高速收费小票、自己的行车记录仪,甚至停车场和小区的监控录像。

(2) 向交管部门提交申诉。

在收集到以上证据后,你就可以到交管部门提出车辆被套牌申诉了。你可以选择车辆登记所在地的交管部门申诉,也可以去违章所在地交管部门进行申诉。

(3) 申请更换车辆牌号。

申诉成功后,交管部门会给你开具一个车辆被套牌说明。凭借这个说明,你可以到车管所申请更换牌号。

创新与拓展

问题描述	查阅资料掌握内窥镜的工作原理,尝试设计一种基于智能手机终端的内窥镜
创新创效点	

关键技术和主要技术指标	
实现方法或途径	

任务三　车辆特征参数检查

知识目标

1. 了解最新执行的检验法规。
2. 熟悉车辆特征参数检查项目。
3. 掌握车辆特征参数检查方法。

技能目标

1. 能够使用仪器设备对车辆特征参数进行检测。
2. 能对检测结果进行合格性判定。
3. 能对不合格车辆提出整改建议。

素质目标

1. 严格按照机动车安全技术检验法规作业,养成严谨、科学的工作态度。
2. 养成良好的安全作业习惯。
3. 严格执行5S现场管理。
4. 具备团结协作精神。

车辆特征参数检查

思政导学

"安全锤"——"生命锤"

说到安全锤,大家并不陌生。安全锤又叫"救生锤""生命锤",每辆客运车辆都要随车配备,并悬挂在车厢内显要位置。当车辆出现火灾或落入水中等紧急情况时,安全锤可助乘客砸碎玻璃窗门，顺利逃生。现在的公交运营，出于对乘客出行舒适的考虑，密封式空调车辆等越来越多，相应的安全隐患也越来越大。遇到事故时，使用安全锤砸窗逃命往往成了唯一的手段。在使用安全锤破窗逃生时，最好安全锤敲打玻璃的边缘和四角，尤其是玻璃上方边缘最中间位置。因为有些玻璃是有贴膜的，所以玻璃破碎以后不会立即脱落，我们可以用脚踹开。轿车配备的安全锤须置于随手可取处。安全锤尾部的安全刀片在紧急情况下可割断安全带，帮助司机和乘客逃生。

任务导入

小王工作之余喜欢旅游，特别羡慕那些有房车的人，玩到哪家就在哪，既省钱又方便。于是小王也寻思着买一辆房车，但问题是随随便便一辆也要几百万元，实在超过了自己的承受范围。思来想去，小王决定买辆七座中型面包车，把座椅取掉后改装成房车。不到一个月，改装公司就把小王的车子改装出来了，厨房、卫浴、家电等各种设备一应俱全。

拥有房车的喜悦还没持续多久，小王就吃到了苦头。由于车上添置了许多东西，载重一下飙升，离合器经常出故障。买回来不到半年，修了四次。有次上路时，交警查到他的房车，严肃批评了他的私自改装行为，让他尽快恢复原状，并告知该车年检不能正常通过。

目前有没有针对汽车内部改装的法律法规？试分析小王汽车违规的原因？

相关知识

一、车辆特征参数检查项目

表 1-5 是不同类型在用机动车车辆特征参数检查项目的界定。"■"表示该检测项目适用于该类车在用机动车安全检验的全部车型，"□"表示该检验项目适用于该类车在用机动车安全检验的部分车型。

表 1-5　在用机动车安全技术检验项目

检验项目		适用车辆类型				
		载客汽车		货车(三轮汽车除外)、专项作业车	挂车	三轮汽车	摩托车
		非营运小型、微型载客汽车	其他类型载客汽车				
车辆特征参数检查	外廓尺寸			□	□		
	核定载人数和座椅布置	■	■	■			□
	栏板高度			□	□		
	悬架			■	■		
	客车出口		□				
	客车乘客通道和引道		□				
	货厢/罐体			□	□	■	

二、检验仪器设备

1. 汽车外廓尺寸检测仪

当前检测站对车辆外廓尺寸有人工检测和智能测量两种方式，由于人工测量的不确定性以及费时费力不安全，所以无论是国家政策还是市场需求都需要自动测量仪对机动车的外轮廓进行测量。

GB 38900—2020 规定，外廓尺寸自动测量装置应符合计量要求，测量装置最大允许误差：±1%或±20mm，如图1-17所示。检验机构使用的外廓尺寸自动测量装置必须参照 JJF 1749—2019 严格执行检定、校准要求，在选购测量仪器时，应积极选购符合 GA/T 1402—2017 要求的测量仪器。

图 1-17　外廓尺寸检测仪

2. 钢卷尺

钢卷尺用于测量机动车外廓尺寸、栏板高度等检验项目，如图1-18所示。机动车外廓尺寸测量检验用钢卷尺准确度等级2级。

3. 铅锤和水平尺

铅锤(见图1-19)和水平尺(见图1-20)主要用于辅助测量机动车外廓尺寸及主要零部件尺寸。

图 1-18　钢卷尺　　　　图 1-19　铅锤　　　　图 1-20　水平尺

三、车辆特征参数检查方法与合格性判定标准

1. 外廓尺寸

外廓尺寸要用长度测量工具进行测量。重中型货车、重中型专项作业车、重中型挂车应使用符合标准的自动测量装置。

在用机动车安全检验时，考虑到重中型货车(半挂牵引车除外)、重中型载货专项作业车、重中型挂车长期使用后，车身存在一定的变形情况，车厢还存在变形维修等情况，可能会导致车辆外廓尺寸增加。故外廓尺寸实测值不应超出 GB 7258、GB 1589 规定的限值(见表1-6～表1-8)，且与机动车行驶证记载的数值相比误差不超过±3%或±150mm。

表 1-6 摩托车外廓尺寸限值

单位：m

机动车类型	长度	宽度	高度
两轮普通摩托车	≤2.50	≤1.00	≤1.40
边三轮摩托车	≤2.70	≤1.75	≤1.40
正三轮摩托车	≤3.50	≤1.50	≤2.00
两轮轻便摩托车	≤2.00	≤0.80	≤1.10
正三轮轻便摩托车	≤2.00	≤1.00	≤1.10

对警用摩托车、发动机排量大于或等于 800mL 或电机额定功率总和大于或等于 40kW 的两轮普通摩托车，外廓尺寸限值为长小于或等于 2.80m，宽小于或等于 1.30m，高小于或等于 2.00m

表 1-7 仓栅式、栏板式、平板式、自卸式货车及其半挂车外廓尺寸的最大限值

单位：mm

车辆类型			长度	宽度	高度
仓栅式货车 栏板式货车 平板式货车 自卸式货车	二轴	最大设计总质量≤3 500kg	6 000	2 550	4 000
		最大设计总质量>3 500kg，且≤8000kg	7 000		
		最大设计总质量>8 000kg，且≤12 000kg	8 000		
		最大设计总质量>12 000 kg	9 000		
	三轴	最大设计总质量≤20 000kg	11 000		
		最大设计总质量>20 000kg	12 000		
	双转向轴的四轴汽车		12 000		
仓栅式半挂车 栏板式半挂车 平板式半挂车 自卸式半挂车	一轴		8 600		
	二轴		10 000		
	三轴		13 000		

表 1-8 其他汽车、挂车外廓尺寸的最大限值

单位：mm

车辆类型			长度	宽度	高度
汽车	三轮汽车		4 600	1 600	2 000
	低速货车		6 000	2 000	2 500
	货车及半挂牵引车		12 000	2 550	4 000
	乘用车及客车	乘用车及二轴客车	12 000	2 550	4 000
		三轴客车	13 700		
		单铰接客车	18 000		
挂车	半挂车		13 750	2 550	4 000
	中置轴、牵引杆挂车		12 000		

a. 当采用方向盘转向，由传动轴传递动力，具有驾驶室且驾驶员座椅后设计有物品放置空间时，长度、宽度、高度的限值分别为 5 200mm、1 800mm、2 200mm。
b. 专用作业车的车辆长度限值要求不适用，但应符合相关标准要求。
c. 冷藏车宽度最大限值为 2 600mm。
d. 定线行驶的双层城市客车高度最大限值为 4 200mm。
e. 运送 45 英寸集装箱的半挂车长度最大限值为 13 950mm。
f. 车厢长度限值为 8 000mm(中置轴车辆运输挂车除外)。
g. 长头铰接列车长度限值为 18 100mm

2. 核定载人数和座椅布置

目视检查。

在用机动车安全技术检验时，机动车的座位(铺位)数应与机动车行驶证签注的内容一致，座椅布置和固定方式应无改装情形；如有则判定为不合格。

3. 栏板高度

用钢尺等长度测量工具对货车、挂车的栏板(含盖)高度进行测量。

在用机动车安全检验时，货车、挂车的栏板(含盖)高度应与机动车登记信息、驾驶室两侧喷涂的栏板(含盖)高度数值相符，且误差不超过±50mm；超出此范围则判定为不合格。

4. 悬架

目视检查。

在用机动车安全检验时，货车(三轮汽车除外)、挂车、专项作业车的后轴钢板弹簧片数应与机动车登记信息一致，且不应有明显增宽、增厚情形；如有则判定为不合格。

5. 客车出口

目视检查。

目测尺寸偏小的，使用长度测量工具测量相关尺寸。在用机动车安全检验时，客车出口满足以下要求视为合格。

(1) 采用动力开启的乘客门，车门应急控制器应正常且其附近应标有清晰的符号或字样注明操作方法，字体高度应不小于10mm，如图 1-21 与图 1-22 所示。

图 1-21　车门(内)应急开关标识

图 1-22　车门(外)应急开关标识

(2) 不应安装有保护装置以外的其他固定、锁止应急门的装置。

(3) 击碎玻璃式的应急窗邻近处配备的应急锤应齐全，推拉式应急窗和外推式应急窗操作装置应正常。

(4) 应急出口的标识应齐全清晰，如图 1-23 所示。

图 1-23　客车应急出口标识

6. 客车乘客通道和引道

目视检查。

目测通道、引道偏窄或高度不符合要求时,使用通道、引道测量装置检查。在用机动车安全检验时,客车的通道、引道应畅通无障碍;如堆放有障碍物,判定此项目检验不合格。

7. 货厢/罐体

目视检查。

在用机动车安全检验时,车辆不应有"加高、加长、加宽货厢""拆除厢式货车顶盖""拆除仓栅式货车顶棚杆""换装大尺寸罐体"等非法改装情形;货厢和栏板的锁止机构应齐全、完好;货厢栏板和底板应规整。如有非法改装则判定此项目检验不合格。

任务实施

按照以下任务的技术要求,对车辆特征参数进行检验,并判定结果,如表1-9所示。

表1-9　机动车安全技术检验表(人工检验部分)

检验项目		判定结果
车辆特征参数检查	① 外廓尺寸	
	② 核定载人数和座椅布置	
	③ 栏板高度	
	④ 悬架	
	⑤ 客车出口	
	⑥ 客车乘客通道和引道	
	⑦ 货厢/罐体	

一、外廓尺寸(人工检验)

1. 车辆长度和宽度的测量。

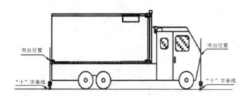

图 1-24　车辆前后突出位置标注示意

□完成
□未完成，原因：
技术要求：将车辆停放在平整、硬实的地面上，在车辆前后和两侧突出位置，使用线锤在地面画出"十"字标记。
如图 1-24 所示。

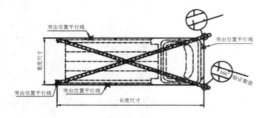

图 1-25　车辆长度、宽度的测量示意

□完成
□未完成，原因：
技术要求：在地面的长宽标记点上分别画出平行线，在地面形成一个长方形框架，找出车辆中心位置，用钢卷尺分别测出长和宽的直线距离，作为整车的车长和车宽。
如图 1-25 所示。

2. 车辆高度的测量。

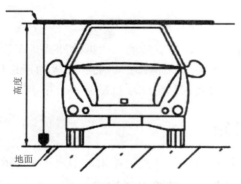

图 1-26　车辆高度的测量示意

□完成
□未完成，原因：
技术要求：将车辆停放在平整、硬实的地面上，将水平尺放在车辆的最高处并保持与地面水平。在水平尺一端点放铅锤到地面画出"十"字标记，用钢卷尺测量水平尺该端点与地面"十"字标记之间的距离示值即为该车的实际高度。
如图 1-26 所示。

二、核定载人数和座椅布置

1. 核定载人数。

图 1-27　核定载人数

□完成
□未完成，原因：
技术要求：
(1) 目视检查。
(2) 检查机动车的座位(铺位)数是否与机动车行驶证签注的内容一致。
如图 1-27 所示。

2. 检查座椅布置情形。

图 1-28　座椅布置形式

☐ 完成
☐ 未完成，原因：
技术要求：
(1) 目视检查。
(2) 重点检查有无改装情形。
如图 1-28 所示。

3. 检查座椅固定方式。

图 1-29　座椅固定方式

☐ 完成
☐ 未完成，原因：
技术要求：
(1) 目视检查。
(2) 检查座椅固定是否牢靠。
如图 1-29 所示。

三、栏板高度

1. 栏板高度测量。

图 1-30　栏板高度测量

☐ 完成
☐ 未完成，原因：
技术要求：
用钢尺测量。
如图 1-30 所示。

2. 检查栏板高度信息一致性。

图 1-31　驾驶室两侧栏板高度信息

☐ 完成
☐ 未完成，原因：
技术要求：
(1) 目视检查。
(2) 检查栏板高度与驾驶室两侧喷涂高度数值是否一致。
如图 1-31 所示。

四、悬架

图 1-32 后轴钢板弹簧

☐ 完成
☐ 未完成，原因：
技术要求：
(1) 目视检查。
(2) 检查后轴钢板弹簧片数是否符合机动车登记信息。
(3) 重点检查有无明显的"增宽、增厚"情形。
如图 1-32 所示。

五、客车出口

1. 客车出口检查。

图 1-33 客车出口标识

☐ 完成
☐ 未完成，原因：
技术要求：
(1) 目视检查。
(2) 目测字体高度尺寸偏小时，用长度工具测量，字体高度应不小于 10mm。
如图 1-33 所示。

2. 检查乘客门应急控制装置。

图 1-34 乘客门应急控制装置标识

☐ 完成
☐ 未完成，原因：
技术要求：
(1) 目视检查。
(2) 标识应注明操作方法。
如图 1-34 所示。

六、客车乘客通道和引道

图 1-35 客车乘客通道

☐ 完成
☐ 未完成，原因：
技术要求：
(1) 目视检查。
(2) 目测通道、引道偏窄或高度不符合要求时，使用通道、引道测量装置检查。
如图 1-35 所示。

七、货厢/罐体

1. 货厢检查。

图 1-36 货厢检查

□ 完成
□ 未完成，原因：
技术要求：
(1) 目视检查。
(2) 检查货厢是否有加高、加宽、加长等改装情形。
如图 1-36 所示。

2. 罐体检查。

图 1-37 罐体检查

□ 完成
□ 未完成，原因：
技术要求：
(1) 目视检查。
(2) 检查是否改装了大尺寸罐体。
如图 1-37 所示。

学习任务评价表

时间：40 min　　　　小组_____　　　　姓名_____

评价项目	评价标准	配分	自评		互评	
			等级	得分	等级	得分
素养能力	穿工装，做好劳动保护措施	10				
	遵守纪律，遵守学习场所管理规定，服从安排	10				
	具有安全意识、责任意识、5S 管理意识，注重节约、节能与环保	10				
	具有团队合作意识、注重沟通，能自主学习和相互协作	10				
专业知识与能力	根据标准要求，分清不同类型车辆的检测项目	10				
	正确使用检测仪器进行车辆特征参数检查	10				
	对检测结果进行合格性判定	10				
	对不合格的检查项目给出判定依据	10				
按时完成	在规定的时间内完成检测项目	20				

续表

评价项目	评价标准	配分	自评 等级	自评 得分	互评 等级	互评 得分
个人自评与小组互评得分						
教师反馈						
教师评价						

实际完成时间：_____　　　　　　　考核教师：_____

备注：评价等级为掌握、基本掌握、没有掌握。

案例回顾与解析

小王工作之余喜欢旅游，特别羡慕那些有房车的人，玩到哪家就在哪，省钱又方便。于是小王也寻思着买一辆房车，但问题是随随便便一辆也要几百万元，实在超过了自己的承受范围。思来想去，小王某决定买辆七座中型面包车，把座椅取掉后改装成房车。不到一个月，改装公司就把小王的车子改装出来了，厨房、卫浴、家电等各种设备一应俱全。

拥有房车的喜悦还没持续多久，小王就吃到了苦头。由于车上添置了许多东西，载重一下飙升，离合器经常出故障。买回来不到半年，修了四次。有次上路时，交警查到他的房车，严肃批评了他的私自改装行为，让他尽快恢复原状，并告知该车年检不能正常通过。

目前有没有针对汽车内部改装的法律法规？试分析小王汽车违规的原因？

1. 针对汽车改装的法律法规

2019年9月1日，公安部开始实施最新的GA 801—2019《机动车查验工作规程》，该文件针对机动车的合法改装做了界定，该规程也是汽车检测站对改装车判定合格性的依据。

2. 小王汽车违规原因？

在改装汽车的时候，应坚守"改装之后不会影响汽车整体性能"这一原则。小王的车半年内维修了四次，已经严重影响到汽车的可靠性与安全性。首先，决不可卸掉座位用于扩充汽车内部空间；其次，内部多功能室涉及水电改造，存在严重的安全隐患；最后，整备质量的改变会影响汽车的动力性、经济性、安全性。

创新与拓展

问题描述	为避免安全锤无故丢失，引发安全隐患，请你设计一种安全锤防盗方案，当安全锤离开支架时能引起全车人的注意

创新创效点	
关键技术和主要技术指标	
实现方法或途径	

任务四　车辆外观检查

知识目标

1. 了解最新执行的检验法规。
2. 熟悉车辆外观检查项目。
3. 掌握车辆外观检查方法。

技能目标

1. 能够使用仪器设备对车辆外观进行检测。
2. 能对检测结果进行合格性判定。
3. 能对不合格车辆提出整改建议。

素质目标

1. 严格按照机动车安全技术检验法规作业，养成严谨、科学的工作态度。
2. 养成良好的安全作业习惯。

车辆外观检查

车辆外观检查

3. 严格执行 5S 现场管理。
4. 具备团结协作精神。

思政导学

让校车驶上法治的轨道

校车作为接送幼儿和小学生的专用车辆，需要严格地管理和检查，保证校车一直处于安全、健康的状态。作为特殊车辆，校车的年检是如何规定的呢？

为贯彻落实国务院《校车安全管理条例》，公安部发布了《关于修改〈机动车登记规定〉的决定》(公安部令第 124 号)，于 2012 年 9 月 12 日起正式施行。规定中明确要求，校车在办理注册登记前必须进行安全技术检验，并按照《校车安全管理条例》每半年参加一次安全技术检验，保证校车安全技术性能；校车标牌有效期与安全技术检验有效期一致，均为半年。每学期开学前半个月为校车安全技术检验时间。校车安全管理的行政法规，将校车安全问题纳入了法治轨道，依循以人为本的原则，确立了保障校车安全的基本制度，为校车行驶画出清晰可辨的"安全线"。

规定还强调了校车驾驶资格也要"年检"，根据《校车安全管理条例》，校车驾驶人除需参加正常的年度审验外，还需参加校车驾驶人资质的年度审验，在许可驾驶校车之日起下一年度到期日前 30 日内进行校车驾驶资质年度审验。审验时，相关人员应向车管部门提交县级以上医疗机构出具的身体条件证明及县级公安机关出具的证明无犯罪记录材料，以及无酗酒、吸毒行为证明材料，同时，应参加交通安全法律法规等学习，并接受警示教育。

任务导入

小杰和朋友一起开了家小公司，有一辆用于拉货的小型面包车，为了给自己公司做宣传，小杰将公司的宣传标语与联系方式制成贴纸，利用车身做宣传。又由于偶尔会多装一些货物，为避免交警当街拦下，就把侧窗玻璃贴了汽车膜，挡风玻璃贴了镜面式反光太阳膜，如图 1-38 所示。另外，为了增加汽车辨识度，他又偷偷在前号码牌下方安装了红蓝爆闪灯。结果汽车年检时汽车外观检查不合格，要求恢复原状后复检，小王说很多汽车车身都贴有个性化贴纸，为什么自己的车年检就不合格呢？

图 1-38 小杰的汽车

请根据以上案例分析小杰面包车不合格的原因。

项目一　机动车人工检验

相关知识

一、车辆外观检查项目

表 1-10 是不同类型在用机动车车辆外观检查项目的界定。"■"表示该检验项目适用于该类车在用机动车安全检验的全部车型，"□"表示该检验项目适用于该类车在用机动车安全检验的部分车型。

表 1-10　在用机动车安全技术检验项目

检验项目		适用车辆类型					
		载客汽车		货车(三轮汽车除外)、专项作业车	挂车	三轮汽车	摩托车
		非营运小型、微型载客汽车	其他类型载客汽车				
车辆外观检查	车身外观	■	■	■	■	■	■
	外观标识、标注和标牌	■	■	■	■	■	□
	外部照明和信号装置	■	■	■	■	■	■
	轮胎	■	■	■	■	■	■
	号牌/号牌板(架)	■	■	■	■	■	■
	加装/改装灯具	■	■	■	■	■	■

二、检验仪器设备

1. 轮胎花纹深度计

轮胎花纹深度标准是大于 3.5mm 的属于良好状态，2.5~3.5mm 之间的属于正常状态，小于 2.5mm 的属于需要更换的状态，到了极限值 1.6mm 时就必须更换了。根据我国国家标准规定：轿车使用的子午线轮胎花纹磨损极限为 1.6mm，而货车和客车用的子午线轮胎花纹磨损极限为 2.0mm。所以当轿车的胎纹磨损到 1.6mm 时必须更换，货车和客车的轮胎深度为 2.0mm 时必须更换新的轮胎。

常用轮胎花纹深度计来检查轮胎花纹厚度，如图 1-39 所示。

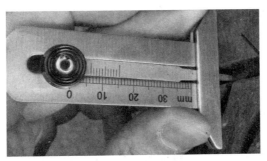

图 1-39　轮胎花纹深度计

2. 透光率计

买了车后都会考虑为车窗贴汽车安全隔热膜。汽车安全隔热膜除了具有隔除紫外线、提高空调效率、节约能源的作用以外，还具有提供私密空间、减少仪表盘老化的优点。贴了汽车安全隔热膜之后，会降低玻璃的透光性，对于司机来说视线就没那么清晰了，尤其是阴雨天，很有可能因为看不清楚路况而造成交通事故。为保证行车安全，全国各地都积极进行亮窗行动，车窗贴膜有了一个界定标准，GB 7258—2017 规定：汽车的前挡风玻璃透光率要在 70%以上，侧挡风玻璃和后窗玻璃透光率要达到 50%。

透光率计主要用于测量汽车玻璃以及透明及半透明物体的透光率，如图 1-40 所示。

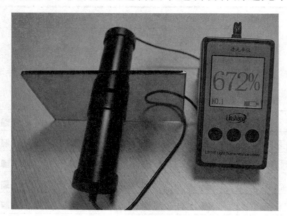

图 1-40 玻璃透光率计

3. 钢卷尺

钢卷尺用于测量机动车外廓尺寸、栏板高度等检验项目。机动车外廓尺寸测量检验用钢卷尺准确度等级为 2 级。

4. 钢直尺

铅锤和水平尺主要用于辅助测量机动车外廓尺寸及主要零部件尺寸。

三、车辆特征参数检查方法与合格性判定标准

1. 车身外观

目视检查。车身外观检查时满足以下要求视为合格。

(1) 车身前部外表面的易见部位上应至少装置一个能永久保持，且与车辆品牌/型号相适应的商标或厂标，在用机动车不应变更商标或厂标。

(2) 保险杠、后视镜、下视镜等部件应完好，灯具不应破损、缺失。

(3) 车窗玻璃应齐全，驾驶人视区部位应无裂纹、破损，客车、重中型货车驾驶人视区以外的车窗玻璃不应有穿孔或长度超过 25mm 的裂纹，所有车窗玻璃不应张贴镜面反光遮阳膜。

(4) 车体应周正，车体外缘左右对称部位高度差应小于或等于 40mm。

(5) 车身外部不应有明显的镜面反光现象(局部区域使用镀铬、不锈钢装饰件的除外)，

任何可能触及行人、骑自行车人等交通参与者的外部构件，不应有可能使人致伤的尖角、锐边等凸起物。

(6) 车身(车厢)及其漆面不应有超过三处的轻微开裂、锈蚀和明显变形。

(7) 喷涂、粘贴的标识或车身广告不应影响安全驾驶。

注意：针对新能源汽车注册登记安全检验和在用机动车安全检验合格性判定时，车辆除满足上述要求外，还应满足以下三点要求。

(1) 插电式混合动力汽车、纯电动汽车(换电式除外)，应具有外接充电接口，且充电接口表面不应有明显变形或烧蚀痕迹，如图1-41所示。

(2) 目视检查可见区域内，高压线束、低压线束、连接器不应有断裂、破损、表面材料溶解或烧蚀痕迹；2018年1月1日起出厂的纯电动汽车、插电式混合动力汽车，目视检查可见区域内B级电压电路中的可充电储能系统(rechargeable energy storage system，REESS)应用符合规定的警告标记予以标识，如图1-42所示。

(3) 纯电动汽车、插电式混合动力汽车的REESS外壳不应有裂纹、外伤或电解液泄漏等情形。

图1-41 新能源汽车充电接口检查

图1-42 高压警告标识

2. 外观标识、标注和标牌

目视检查。在用机动车安全检验时，根据车辆类型和使用性质的不同，外观标识、标注和标牌满足以下要求时视为合格。

(1) 所有货车(半挂牵引车、多用途货车除外)和专项作业车(消防车除外)，其驾驶室(区)两侧应喷涂有总质量；所有半挂牵引车，其驾驶室(区)两侧应喷涂有最大允许牵引质量；载货部位为栏板结构的货车(多用途货车除外)和自卸车，驾驶室两侧应喷涂有栏板高度；罐式汽车和罐式挂车(罐式危险货物运输车辆除外)的罐体上应喷涂有允许装运货物的种类及与机动车产品公告和机动车出厂合格证一致的罐体容积；2018年1月1日以前出厂的罐式危险货物运输车辆，其罐体上喷涂的允许装运货物的名称应与机动车产品公告和机动车出厂合格证一致；2018年1月1日起出厂的罐式危险货物运输车辆，其罐体或与罐体焊接的支座右侧应有金属的罐体铭牌，罐体铭牌应标注唯一性编码、罐体设计代码、罐体容积等信息；载货部位为栏板结构的挂车，其车厢两侧应喷涂有栏板高度；冷藏车应在外部两侧易见部位上喷涂或粘贴明显的"冷藏车"字样和冷藏车类别的英文字母；喷涂的中文和阿拉伯数字应清晰，高度应大于或等于80mm。

(2) 所有客车(专用校车和设有乘客站立区的客车除外)及2018年1月1日起出厂的面包车乘客门附近车身外部易见位置，应用高度大于或等于100mm的中文和阿拉伯数字标明该车提供给乘员(包括驾驶人)的座位数；2018年1月1日起出厂的具有车底行李舱的客车，应在行李舱打开后前部易见位置设置能永久保持的、标有所有行李舱可运载的最大行李总质量的标识。

(3) 专用校车以及喷涂或粘贴专用校车车身外观标识的非专用校车应由校车标志、中文"校车"、中文"核载人数：××人"、校车编号和校车轮廓标识组成，且应符合GB 24315的相关规定。

(4) 2018年1月1日起出厂的最大设计车速小于70km/h的汽车(低速汽车、设有乘客站立区的客车除外)应在车身后部喷涂或粘贴表示最大设计车速(单位：km/h)的阿拉伯数字，阿拉伯数字的高度应大于或等于200mm，外围应用尺寸相匹配的红色圆圈包围。

(5) 教练车应在车身两侧及后部喷涂有高度大于或等于100mm的"教练车"字样。

(6) 气体燃料汽车、两用燃料汽车和双燃料汽车应按GB/T 17676的规定标注其使用的气体燃料类型。

(7) 消防车、救护车、工程救险车和警车的车身颜色和外观制式应符合GB 7258—2017中第13章的有关要求，警车、消防车、救护车、工程救险车安装使用的标志灯具应齐全、有效，其他机动车不得喷涂、安装、使用上述车辆专用的或者与其相类似的标志图案、警报器或者标志灯具。

(8) 残疾人专用汽车应在车身前部和后部分别设置残疾人机动车专用标志。

3. 外部照明和信号装置

目视检查并操作。在用机动车安全检验时，外部照明和信号装置满足以下要求的视为合格。

(1) 前照灯、前位灯、前转向信号灯、前部危险警告信号灯、示廓灯和牵引杆挂车标志灯等前部照明和信号装置应齐全，工作应正常；前照灯的远、近光光束变换功能应正常，远光照射位置不应出现异常偏高现象。

(2) 后位灯、后转向信号灯、后部危险警告信号灯、示廓灯、制动灯、后雾灯、后牌照灯、倒车灯、后反射器应齐全，工作应正常；制动灯的发光强度应明显大于后位灯的发光强度。

(3) 侧转向信号灯、侧标志灯和侧反射器应齐全，工作应正常。

(4) 对称设置、功能相同灯具的光色和亮度不应有明显差异，转向信号灯的光色应为琥珀色。

(5) 除转向信号灯、危险警告信号灯、紧急制动信号灯、校车标志灯，扫路车、护栏清洗车等专项作业车在作业状态下的指示灯具，以及消防车、救护车、工程救险车和警车安装使用的标志灯具外，其他外部灯具不应具有闪烁的功能。

(6) 警车和消防车标志灯具光色应为红色或红色、蓝色同时使用，救护车标志灯具光色应为蓝色，工程救险车标志灯具光色应为黄色。

(7) 对2014年9月1日起出厂的总质量大于或等于4 500kg的货车、专项作业车和挂车，每一个后位灯、后转向信号灯和制动灯的透光面面积应大于或等于一个80mm直径圆的面积；如是非圆形的，透光面的形状还应能将一个 40mm 直径的圆包含在内。

(8) 机动车不应安装或粘贴遮挡外部照明和信号装置透光面的护网、防护罩等装置(设计和制造上带有护网、防护罩且配光性能符合要求的灯具除外)。

(9) 机动车设置的喇叭应能有效发声；教练车(三轮汽车除外)还应设置辅助喇叭开关，其工作应可靠。

(10) 2019 年 1 月 1 日起出厂的总质量大于或等于 12 000kg 的货车，应装备车辆右转弯音响提示装置，并在设计和制造上保证驾驶人不能关闭车辆右转弯音响提示装置。

(11) 目视可见的电器导线应布置整齐、捆扎成束、固定卡紧，并无破损现象。

4. 轮胎

目视检查。在用机动车安全检验时，轮胎满足以下要求的视为合格。

(1) 同轴两侧应装用同一型号、规格和花纹的轮胎，轮胎螺栓、半轴螺栓应齐全、紧固；轮胎规格应与机动车产品公告和机动车出厂合格证(在用机动车安全检验时为机动车登记信息)相符。

(2) 轮胎的胎面、胎壁不应有长度超过 25mm 或深度足以暴露出轮胎帘布层的破裂和割伤及其他影响使用的缺损、异常磨损和变形，轮胎不应有不规则磨损。

(3) 乘用车、挂车轮胎胎冠花纹深度应大于或等于 1.6mm，摩托车轮胎胎冠花纹深度应大于或等于 0.8mm；其他机动车转向轮的胎冠花纹深度应大于或等于 3.2mm；其余轮胎胎冠花纹深度应大于或等于 1.6mm，轮胎胎面磨损标志应可见。

(4) 公路客车、旅游客车和校车的所有车轮及其他机动车的转向轮不应装用翻新的轮胎。

(5) 不应出现"螺栓、螺帽和螺柱缺失或未扣紧""螺柱孔出现严重磨损""车轮法兰断裂、轮胎锁环断裂或末端互相接触""轮毂损毁或破裂"等情形。

(6) 2018 年 1 月 1 日起出厂的客车、货车的车轮及车轮上的所有螺栓、螺母不应安装有碍于检查其技术状况的装饰罩或装饰帽(设计和制造上为防止生锈等情形发生而配备的、易于拆卸及安装的装饰罩和装饰帽除外)，且车轮螺母、轮毂罩盖和保护装置不应有任何蝶形凸出物。

(7) 2020 年 1 月 1 日起出厂的专用校车、车长大于 9m 的未设置乘客站立区的客车及总质量大于 3 500kg 的危险货物运输货车的转向轮应装备轮胎爆胎应急防护装置。

5. 号牌/号牌板(架)

目视检查。在用机动车安全检验时，号牌及号牌安装满足以下要求的视为合格。

(1) 机动车号牌字符、颜色、安装等应符合 GA36 的规定，机动车号牌专用固封装置应符合 GA804 的规定。

(2) 机动车号牌应齐全，表面应清晰、整齐、平滑、光洁、着色均匀，不应有明显的皱纹、气泡、颗粒杂质等缺陷或损伤。

(3) 机动车应使用机动车号牌专用固封装置固定号牌，固封装置应齐全、安装牢固。

(4) 使用号牌架辅助安装时，号牌架内侧边缘距离机动车登记编号字符边缘应大于 5mm，不应使用可拆卸号牌架和可翻转号牌架。

(5) 不应出现影响号牌正常视认的加装、改装等情形。

6. 加装/改装灯具

目视检查。在用机动车安全检验时，外部照明和信号装置不得改装，车辆不应有后射灯，也不应加装强制性标准以外的外部照明和信号装置。

需要说明的是：

(1) 根据 GB 7258—2017 的要求，用户不应对车辆外部照明和信号装置进行改装。检验人员应重点检查重中型货车、自卸车、水泥搅拌车等工程作业车，以及挂车在两侧和后部非法加装向前行驶时向后方照射的灯(后射灯)。

(2) 近年来，汽车(主要是小型载客汽车)私自换装氙气灯的现象越来越普遍；对于车辆换装氙气灯后机动车外形发生了明显变化，检验员可直接判定送检机动车存在私自改装的情形，安全技术检验不合格，告知送检人应更换合格的前照灯后复检。

(3) 经批准，警车、工程救险车可以加装符合标准规定的标志灯具和电子警报器。

(4) 乘用车更换保险杠、散热器面罩的，不允许改变原车的外部照明和信号装置。

任务实施

按照以下任务的技术要求，对车辆外观进行检验，并判定结果，如表 1-11 所示。

表 1-11 车辆外观检查表(人工检验部分)

	检验项目	判定结果
车辆外观检查	① 车身外观	
	② 外观标识、标注和标牌	
	③ 外部照明和信号装置	
	④ 轮胎	
	⑤ 号牌/号牌板(架)	
	⑥ 加装/改装灯具	

一、车身外观

1. 检查车身前部商标或厂标。

图 1-43　车身前部商标

☐ 完成

☐ 未完成，原因：

技术要求：

(1) 目视检查。

(2) 车身前部外表面的易见部位上应至少装置一个能永久保持，且与车辆品牌/型号相适应的商标或厂标。

如图 1-43 所示。

2. 检查保险杠、后视镜、下视镜。

图 1-44 车辆后视镜

□ 完成
□ 未完成，原因：
技术要求：
(1) 目视检查。
(2) 保险杠、后视镜、下视镜等部件应完好。
如图 1-44 所示。

3. 检查灯具

图 1-45 车辆前方车灯

□ 完成
□ 未完成，原因：
技术要求：
(1) 目视检查。
(2) 灯具不应破损、缺失。
如图 1-45 所示。

4. 检查车窗玻璃

图 1-46 车窗透光性检查

□ 完成
□ 未完成，原因：
技术要求：
(1) 目视检查。
(2) 车窗玻璃应齐全，驾驶人视区部位应无裂纹、破损。
(3) 所有车窗玻璃不应张贴镜面反光遮阳膜。
如图 1-46 所示。

5. 检查车体周正性

图 1-47 车辆对称部位高度差检查

□ 完成
□ 未完成，原因：
技术要求：
(1) 目视检查。
(2) 车体外缘左右对称部位高度差应小于或等于 40 mm。
如图 1-47 所示。

6. 检查车身外部构件

图 1-48　车身外部尖锐凸起物

☐ 完成

☐ 未完成，原因：

技术要求：

(1) 目视检查。

(2) 任何可能触及行人、骑自行车人等交通参与者的外部构件，不应有可能使人致伤的尖角、锐边等凸起物。

如图 1-48 所示。

7. 检查车身漆面

图 1-49　车身有多处锈蚀

☐ 完成

☐ 未完成，原因：

技术要求：

(1) 目视检查。

(2) 车身(车厢)及其漆面不应有超过 3 处的轻微开裂、锈蚀和明显变形。

如图 1-49 所示。

8. 检查车身标识

图 1-50　车身上粘贴广告

☐ 完成

☐ 未完成，原因：

技术要求：

(1) 目视检查。

(2) 喷涂、粘贴的标识或车身广告不应影响安全驾驶。

如图 1-50 所示。

二、外观标识、标注和标牌

图 1-51　专项作业车

☐ 完成

☐ 未完成，原因：

技术要求：

(1) 目视检查。

(2) 检查货车总质量喷涂、专项作业车总质量喷涂、牵引车准牵总质量喷涂、栏板高度喷涂及罐车的货物种类、容积喷涂。

如图 1-51 所示。

项目一　机动车人工检验

图 1-52　教练车

(3) 放大号牌喷涂、客车座位数喷涂、教练车喷涂、燃料汽车(气体燃料汽车、两用燃料汽车、双燃料汽车)喷涂。

如图 1-52 所示。

图 1-53　救援车

(4) 消防车、救护车、工程救险车、警车的车身颜色及标志灯具等。

如图 1-53 所示。

三、外部照明和信号装置

1. 检查前部照明和信号装置。

图 1-54　前部照明与信号装置

□完成

□未完成，原因：

技术要求：

(1) 目视检查并操作。

(2) 前照灯、前位灯、前转向信号灯等前部照明和信号装置应齐全，工作应正常。

(3) 前照灯的远、近光光束变换功能应正常。

如图 1-54 所示。

2. 检查尾部照明和信号装置。

图 1-55　尾部照明与信号装置

□完成

□未完成，原因：

技术要求：

(1) 目视检查。

(2) 后位灯、后转向信号灯、示廓灯、制动灯、倒车灯等工作应正常。

(3) 制动灯的发光强度应明显大于后位灯的发光强度。

如图 1-55 所示。

3. 检查指示灯具和标志灯具。

图 1-56　警车标志灯具

☐ 完成
☐ 未完成，原因：
技术要求：
(1) 目视检查。
(2) 除转向信号灯、危险警告信号灯、校车标志灯，专项作业车在作业状态下的指示灯具，以及消防车、救护车、工程救险车和警车安装使用的标志灯具外，其他外部灯具不应具有闪烁的功能。

如图 1-56 所示。

4. 检查喇叭。

图 1-57　检查喇叭

☐ 完成
☐ 未完成，原因：
技术要求：
(1) 目视检查。
(2) 机动车设置的喇叭应能有效发声；教练车(三轮汽车除外)还应设置辅助喇叭开关，其工作应可靠。

如图 1-57 所示。

5. 检查右转弯音响提示装置。

图 1-58　右转弯音响指示灯

☐ 完成
☐ 未完成，原因：
技术要求：
(1) 目视检查。
(2) 2019 年 1 月 1 日起出厂的总质量大于或等于 12 000kg 的货车，应装备车辆右转弯音响提示装置，并在设计和制造上保证驾驶人不能关闭车辆右转弯音响提示装置。

如图 1-58 所示。

四、轮胎

1. 检查轮胎胎压。

图 1-59　测量轮胎胎压

☐ 完成
☐ 未完成，原因：
技术要求：
(1) 目视与仪器设备检查。
(2) 当目视检查胎压不正常时，使用轮胎气压表测量胎压值。

如图 1-59 所示。

项目一 机动车人工检验

2. 检查轮胎规格、螺栓。

图 1-60　轮胎规格、螺栓

☐ 完成
☐ 未完成，原因：
技术要求：
(1) 目视检查。
(2) 同轴两侧应装用同一型号、规格和花纹的轮胎，轮胎螺栓、半轴螺栓应齐全、紧固；轮胎规格应与机动车产品公告和机动车出厂合格证相符。

如图 1-60 所示。

3. 检查轮胎花纹深度。

图 1-61　轮胎花纹深度检查

☐ 完成
☐ 未完成，原因：
技术要求：
(1) 目视检查。
(2) 乘用车、挂车轮胎胎冠花纹深度应大于或等于 1.6mm，其他机动车转向轮的胎冠花纹深度应大于或等于 3.2mm；其余轮胎胎冠花纹深度应大于或等于 1.6mm，轮胎胎面磨损标志应可见。

如图 1-61 所示。

4. 检查轮胎胎面与胎壁。

图 1-62　轮胎胎面与胎壁检查

☐ 完成
☐ 未完成，原因：
技术要求：
(1) 目视检查。
(2) 轮胎的胎面、胎壁不应有长度超过 25mm 或深度足以暴露出轮胎帘布层的破裂和割伤及其他影响使用的缺损、异常磨损和变形，轮胎不应有不规则磨损。

如图 1-62 所示。

五、号牌/号牌板(架)

1. 检查号牌字符、颜色。

图 1-63　号牌字符、颜色检查

☐ 完成
☐ 未完成，原因：
技术要求：
(1) 目视检查。
(2) 机动车号牌字符、颜色、安装等应符合 GA 36 的规定。
(3) 机动车号牌应齐全，表面应清晰、整齐、平滑、光洁、着色均匀。

如图 1-63 所示。

2. 检查固封装置。

图 1-64 机动车号牌专用固封装置

☐ 完成
☐ 未完成，原因：
技术要求：
(1) 目视检查。
(2) 机动车号牌专用固封装置应符合 GA804 的规定。

如图 1-64 所示。

六、加装/改装灯具

1. 查看是否有违规改装灯具。

图 1-65 后射灯

☐ 完成
☐ 未完成，原因：
技术要求：
(1) 目视检查。
(2) 检查重中型货车、自卸车、水泥搅拌车等工程作业车，以及挂车在两侧和后部是否非法加装向前行驶时向后方照射的灯(后射灯)。

如图 1-65 所示。

2. 查看是否违规加装标志灯具与电子警报器。

图 1-66 电子警报器

☐ 完成
☐ 未完成，原因：
技术要求：
(1) 目视检查。
(2) 经批准，警车、工程救险车可以加装符合标准规定的标志灯具和电子警报器，其他车不允许加装。

如图 1-66 所示。

学习任务评价表

时间：40 min　　　　小组_____　　　　姓名_____

评价项目	评价标准	配分	自评		互评	
			等级	得分	等级	得分
素养能力	穿工装，做好劳动保护措施	10				
	遵守纪律，遵守学习场所管理规定，服从安排	10				
	具有安全意识、责任意识、5S管理意识，注重节约、节能与环保	10				
	具有团队合作意识、注重沟通，能自主学习和相互协作	10				
专业知识与能力	根据标准要求，分清不同类型车辆的检测项目	10				
	正确使用检测仪器进行车辆外观检查	10				
	对检测结果进行合格性判定	10				
	对不合格的检查项目给出判定依据	10				
按时完成	在规定的时间内完成检测项目	20				
个人自评与小组互评得分						
教师反馈						
教师评价						

实际完成时间：_____　　　　考核教师：_____

备注：评价等级为掌握、基本掌握、没有掌握。

案例回顾与解析

　　小杰和朋友一起开了家小公司，有一辆用于拉货的小型面包车，为了给自己公司做宣传，小杰将公司的宣传标语与联系方式制成贴纸，利用车身做宣传。由于偶尔会多装一些货物，为避免交警当街拦下，就把侧窗玻璃贴了汽车膜，挡风玻璃贴了镜面式反光太阳膜。另外，为了增加汽车辨识度，他又偷偷在前号码牌下方安装了红蓝爆闪灯。结果汽车年检时汽车外观检查不合格，要求恢复原状后复检，小王说很多汽车车身都贴有个性化贴纸，为什么自己的车年检就不合格呢？

　　请根据以上描述的案例分析小杰面包车不合格的理由？

案例中小杰的面包车外观检查有三个项目不合格。

1. 车身违规粘贴广告

GB 7258—2017 规定，汽车的前后风挡、前引擎盖和后备厢盖不允许粘贴广告。汽车贴纸面积不能超过车身面积的 30%，超过时需到有关部门登记备案。

2. 车窗违规贴汽车膜

GB 7258—2017 规定：汽车的前挡风玻璃透光率要在 70% 以上，侧挡风玻璃和后窗玻璃透光率要达到 50%，且车窗不得张贴镜面反光遮阳膜。

3. 违规改装灯具

GB 38900—2020 规定，除转向信号灯、危险警告信号灯、紧急制动信号灯、校车标志灯，扫路车、护栏清洗车等专项作业车在作业状态下的指示灯具，以及消防车、救护车、工程救险车和警车安装使用的标志灯具外，其他外部灯具不应具有闪烁的功能。

小杰的汽车应及时取掉镜面反光遮阳膜，贴透光率在 70% 以上的汽车膜；违规的灯具也应及时拆掉。如小杰仍想利用车身做广告，应按照以下步骤去备案登记。

(1) 携带车辆行驶证等证件、车身广告样品到工商部门，经审核广告内容不违反《广告法》的有关规定后，由市政府颁发户外广告登记证。

(2) 在工商部门审批备案手续后，可以携带身份证、《机动车登记证》《机动车行驶证》到车辆管理处办理。

(3) 填写《机动车变更登记申请表》，由车辆管理部门确认变更后的车身外观，按照规定发放《准予变更通知单》，拍照后发放新的行驶证。

创新与拓展

问题描述	高速爆胎这种事一般很少发生，不过一旦碰上后果就不堪设想。有数据显示，当车速超过 160km/h 发生爆胎事故死亡率接近 100%，其实时速 120km，一旦前轮爆胎，翻车事故死亡率也接近了 100%，所以爆胎事故不容小觑。请你们查阅相关资料，设计一种爆胎应急防护装置
创新创效点	
关键技术和主要技术指标	
实现方法或途径	

任务五　安全装置检查

安全装置检查

知识目标

1. 了解最新执行的检验法规。
2. 熟悉不同类型车辆安全装置检查项目。
3. 掌握车辆安全装置检查方法。

技能目标

1. 能够按照正确的操作流程对车辆安全装置进行检测。
2. 能对检测结果进行合格性判定。
3. 能对不合格车辆提出整改建议。

素质目标

1. 严格按照机动车安全技术检验法规作业，养成严谨、科学的工作态度。
2. 养成良好的安全作业习惯。
3. 严格执行5S现场管理。
4. 具备团结协作精神。

思政导学

大数据时代下的货车轨迹定位及在途监管

随着我国公路运输事业的蓬勃发展，车辆在运营过程中的安全性和高效管理也越来越被重视。目前，比较有名的车管家全国货运车辆管理系统能通过多路摄像头实时监控货车的整体情况，进行视频录像存储、远程实时视频监控。车载视频监控系统有效地解决了货运车辆安全监管碰到的超载、疲劳驾驶、路况分析、货物监控、线路优化等问题。除了视频监控之外，该系统能够实现车载GPS定位监控、行车数据记录与回放以及超速报警等功能，从而进行高效的货运车辆营运安全管理。

任务导入

某旅游客运企业的客运汽车在年检时，人工检验部分显示部分项目不合格。该年检车辆是2019年7月1日出厂的12m的24座金龙XMQ6127BYD5T客车，检验不合格的理由主要有车辆应急停车安全附件不全、灭火器数量不达标且已过期。以上检验不合格的项目对车辆的安全运行有什么影响？

相关知识

一、车辆特征参数检查项目

表 1-12 是不同类型在用机动车安全装置检查项目的界定。"■"表示该检验项目适用于该类车在用机动车安全检验的全部车型,"□"表示该检验项目适用于该类车在用机动车安全检验的部分车型。

表 1-12　在用机动车安全装置检查项目

检验项目		适用车辆类型					
		载客汽车		货车(三轮汽车除外)、专项作业车	挂车	三轮汽车	摩托车
		非营运小型、微型载客汽车	其他类型载客汽车				
安全装置检查	汽车安全带	■	■	■			
	应急停车安全附件	■	■	■	□		
	灭火器		□	□			
	行驶记录装置		□				
	车身反光标识			□	□	■	
	车辆尾部标志板			□	□		
	侧、后、前下部防护			□	□		
	应急锤		□				
	急救箱		□				
	辅助制动装置		□	□			
	紧急切断装置			□			
	发动机舱自动灭火装置		□				
	手动机械断电开关		□				
	副制动踏板		□	□			
	校车标志灯和校车停车指示标志牌		□				
	危险货物运输车辆标志			□	□		
	驾驶区隔离设施		□	□			
	肢体残疾人操纵辅助装置	□					

二、安全装置检查方法与合格性判定标准

1. 汽车安全带

目视检查并手动操作。重点检查安全带的锁扣锁止有效性和安全带的自动伸缩性,以确保其功能有效;在用机动车安全检验时,配备的所有汽车安全带应完好且能正常使用,

不应出现坐垫覆盖遮挡安全带、安全带绑定在座位下面、使用安全带插扣(图 1-67)等情形。

图 1-67　安全带插扣

2. 应急停车安全附件

目视检查。应急停车安全附件满足以下要求的视为合格。

(1) 汽车(无驾驶室的三轮汽车除外)应配备三角警告牌,三角警告牌的外观、形状应符合 GB 19151 的要求。

(2) 2018 年 1 月 1 日起出厂的汽车(无驾驶室的三轮汽车除外)应配备一件汽车乘员反光背心。

(3) 2018 年 1 月 1 日起出厂的车长大于或等于 6m 的客车和总质量大于 3 500kg 的货车,应装备至少两个停车楔(如三角垫木)。

《中华人民共和国道路交通安全法实施条例》第六十条规定:"机动车在道路上发生故障或者发生交通事故,妨碍交通又难以移动的,应当按照规定开启危险报警闪光灯并在车后 50m 至 100m 处设置警告标志,夜间还应同时开启示廓灯和后位灯。"此处的警告标志即机动车用三角警告牌。根据 GB 19151—2003 的要求,机动车用三角警告牌是指适用于机动车随车携带的、使用时放置在道路上、能昼夜发出警告信号以表示停驶机动车存在的警告装置。三角警告牌的外观如图 1-68 所示。

汽车乘员反光背心主要供驾驶人或者乘车人在车辆发生故障或其他意外情况下使用,以期保证驾驶人或乘车人在车外的可视认性,防止二次事故的发生,如图 1-69 所示。

图 1-68　三角警告牌

图 1-69　反光背心

3. 灭火器

目视检查。在用机动车安全检验时,灭火器检查满足以下要求的视为合格。

在用机动车安全检验时，客车、危险货物运输车辆及 2018 年 1 月 1 日起出厂的旅居车应按照 GB 7258 等相关标准的规定配备灭火器，配备的灭火器应在使用有效期内，不应有欠压失效等情形。

道路运输爆炸品和剧毒化学品车辆驾驶室内应配备一个干粉灭火器，在车辆两边应配备与所装载介质性能相适应的灭火器各一个。灭火器应固定牢靠、取用方便。

4. 行驶记录装置

目视检查并操作。在用机动车安全检验时，以下车辆应安装有符合要求的行驶记录装置，且行驶记录装置的连接、固定应可靠，时间、速度等信息显示功能应正常，汽车行驶记录仪(见图 1-70)主机外壳的易见部位应加施有符合规定的强制性产品认证标志。

(1) 卧铺客车、公路客车、旅游客车、危险货物运输货车、校车。

(2) 2013 年 3 月 1 日起注册登记的未设置乘客站立区的公共汽车、半挂牵引车、总质量大于或等于 12 000kg 的货车。

(3) 2013 年 5 月 1 日起出厂的专用校车。

(4) 2018 年 1 月 1 日起出厂的设有乘客站立区的客车。

(5) 2019 年 1 月 1 日起出厂的公路客车、旅游客车、未设置乘客站立区的公共汽车、校车、设有乘客站立区的客车以外的其他客车。

除校车、公路客车、旅游客车以外的车长小于 6m 的其他客车如安装了 EDR，视为合格。

5. 车身反光标识

目视检查。在用机动车安全检验时，存在部分车身反光标识单元破损、丢失的，若完好的车身反光标识单元的粘贴面积符合 GB 7258、GB 23254 的规定，视为合格，如图 1-71 所示。

图 1-70　汽车行驶记录仪

图 1-71　车身反光标识

6. 车辆尾部标志板

目视检查。在用机动车安全检验时，车辆尾部标志板满足以下要求的视为合格。

(1) 2012 年 9 月 1 日起出厂的总质量大于或等于 12 000kg 的货车(半挂牵引车除外)和车长大于 8.0m 的挂车，以及 2014 年 1 月 1 日起出厂的总质量大于或等于 12 000kg 的货车底盘改装的专项作业车，应安装车辆尾部标志板。

(2) 车辆尾部标志板的形状、尺寸、布置和固定应符合 GB 25990 的规定。

车辆尾部标志板固定在车辆后部的方式应稳定、持久，一般使用螺钉或者铆合。根据 GB 25990—2010 的规定，重型货车(半挂牵引车除外)和专项作业车、8.0m 以上的挂车等车辆安装尾部标志板的要求参见表 1-13 所示。

表 1-13　尾部标志板要求

适用车辆类型	产品图片示例	尺寸要求
重型货车(半挂牵引车除外)和专项作业车		由一块、两块或四块标志板组成，其总长度应不小于 1 130mm、不大于 2 300mm，高度应为 140mm±10mm。成组的标志板的形状应该是成对的。斜条纹带的斜度应为 45°±5°，带宽应为 100mm±2.5mm
8.0m 以上的挂车		由一块、两块或四块标志板组成，其总长度应不小于 1 130mm、不大 2 300mm。高度为 200mm。成组的标志板的形状应该是成对的。红色边框的宽度为 40mm±1mm
低速车辆		形状为一个截去顶角的等边三角形，其中一个顶角端朝上。三角形底边长度在 350～365mm 之间。边缘的回复反射材料发光面的宽度在 45～48mm 之间

7. 侧、后、前下部防护

目视检查。在用机动车安全检验时，防护装置应满足以下要求。

(1) 总质量大于 3 500kg 的货车(半挂牵引车除外)、货车底盘改装的专项作业车和挂车，其装备的侧面及后下部防护装置应正常有效，货车列车的牵引车和挂车之间装备的侧面防护装置应正常有效，如图 1-72 所示。

(2) 罐式危险货物运输车辆的罐体及罐体上的管路和管路附件不应超出车辆的侧面及后下部防护装置，且罐体后封头及罐体后封头上的管路和管路附件外端面与后下部防护装置内侧在车辆长度方向垂直投影的距离应大于或等于 150mm。

(3) 侧面防护装置的下缘离地高度、防护范围和前缘形式及后下部防护装置的离地高度、宽度、横截面宽度应符合 GB 11567 的规定。

(4) 总质量大于 7 500kg 的货车、货车底盘改装的专项作业车的前下部防护装置应正常有效。

8. 应急锤

目视检查。在用机动车安全检验时，采用密闭钢化玻璃式应急窗的客车，在相应的应急窗邻近处应配备一个应急锤或采用自动破窗装置；2019 年 1 月 1 日起出厂的公路客车、旅游客车和未设置乘客站立区的公共汽车的外推式应急窗邻近处应配备应急锤,如图 1-73 所示。

图 1-72　侧面、后部防护装置

图 1-73　应急锤

9. 急救箱

目视检查。在用机动车安全检验时,校车应配备急救箱,急救箱应放置在便于取用的位置并确保有效适用。

10. 辅助制动装置

审查机动车产品公告等凭证资料并操作驾驶室(区)内的操纵开关,无操纵开关或有疑问时检查缓速器或其他辅助制动装置。满足以下要求判定为合格。根据 GB 7258—2017 的要求,车长大于或等于 6m 的客车,应具有超速报警功能(但具有符合规定的限速功能或限速装置的除外);2018 年 1 月 1 日起出厂的车长大于 9m 的其他客车(除公路客车、旅游客车、未设置乘客站立区的公共汽车)应具有限速功能或配备限速装置;2019 年 1 月 1 日起出厂的车长大于或等于 6m 的旅居车应具有限速功能或配备限速装置;2019 年 1 月 1 日起出厂的三轴及三轴以上货车(具有限速功能或配备限速装置,且限速功能或装置符合规定的除外)应具有超速报警功能。

限速功能或限速装置调节的最大车速:具有车内随行物品存放区的公路客车应小于 70km/h,对其他公路客车、旅游客车和车长大于 9m 的其他客车、车长大于或等于 6m 的旅居车应不大于 100km/h,对危险货物运输货车应不大于 80km/h。专用校车调节的最大车速应不大于 80km/h。

11. 紧急切断装置

目视检查。在用机动车安全检验时,用于运输液体危险货物的罐式危险货物运输车辆应按 GB 18564.1、GB 18564.2 等规定安装紧急切断装置,如图 1-74 所示。根据 GB 7258—2017 的要求,2019 年 1 月 1 日起出厂的装有紧急切断装置的罐式危险货物运输车辆,在设计和制造上应保证运输液体危险货物的车辆行驶速度大于 5km/h 时紧急切断阀能自动关闭,或在发动机起动时能通过一个明显的信号装置(例如声或光信号)提示驾驶人需要关闭紧急切断阀。

项目一 机动车人工检验

图 1-74 紧急切断装置

12. 发动机舱自动灭火装置

目视检查。在用机动车安全检验时,以下车辆应装备发动机舱自动灭火装置,如图 1-75 所示,按法规要求配备的视为合格。

(1) 2013 年 3 月 1 日起出厂的发动机后置的客车(专用校车除外)。

(2) 2013 年 5 月 1 日起出厂的专用校车。

(3) 2019 年 1 月 1 日起出厂的发动机前置、位于前风窗玻璃之后的可载乘员数(不包括驾驶人)不多于 22 人且不允许乘客站立的客车。

(4) 2018 年 1 月 1 日起出厂的除了(1)、(2)、(3)规定客车以外的其他客车。

13. 手动机械断电开关

目视检查。2013 年 3 月 1 日起出厂的车长大于或等于 6m 的客车,应设置能切断蓄电池和所有电路连接的手动机械断电开关。

安装手动机械断电开关,其主要目的是在紧急情况下,驾驶人能通过切断手动机械断电开关,保证车辆门、窗等出口的畅通。考虑到 6m 以上的客车乘员人数多,一旦发生紧急事件将造成严重损失,也将导致重大的社会舆论。因此,各地检验机构应严格认真地检查该类车辆的手动机械断电开关,如图 1-76 所示。必要时可实车操作,检查是否能切断所有电路。

图 1-75 发动机舱自动灭火装置

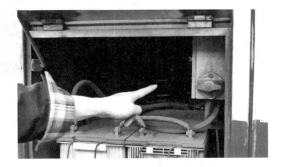

图 1-76 手动机械断电开关

14. 副制动踏板

目视检查。副制动踏板满足以下要求的视为合格。

51

(1) 教练车(三轮汽车除外)和自学用车装备的副制动踏板应牢固、动作可靠有效，安装和布置不得影响主制动踏板、加速踏板的正常操作，其组件不应与车辆其他部件发生干涉、摩擦，如图 1-77 所示。

(2) 自学用车装备的副制动踏板应通过连杆或拉索等机械结构与主制动踏板连接以确保联动，副制动踏板的脚踏面积不应小于主制动踏板的脚踏面积。

图 1-77　副制动踏板

15. 校车标志灯和校车停车指示标志牌

目视检查。在用机动车安全检验时，校车配备的校车标志灯和校车停车指示标志牌应齐全、有效。

根据 GB 24407—2012 的规定，专用校车标志灯，如图 1-78 所示。专用校车应在车外顶部前后各安装两个黄色专用校车标志灯。左右两个标志灯应尽量靠近车身左右侧外缘，并与车辆纵向中心线对称。校车停车指示标志牌收起或展开后凸出车宽部分不计入车宽，但处于收起位置时凸出安装面不得超过 110mm。停车指示标志牌上若安装红色信号灯，该红色信号灯不得闪烁。

图 1-78　校车标志灯和校车停车指示标志牌

16. 危险货物运输车辆标志

目视检查。危险货物运输车辆标志满足以下要求的视为合格。

(1) 危险货物运输车辆应装置符合 GB 13392 规定的标志灯和标志牌，标志灯正面为等腰三角形状，标志牌的形状为菱形。

(2) 道路运输爆炸品和剧毒化学品车辆应粘贴符合 GB 20300 规定的橙色反光带并设置安全标志牌，安全标志牌的内容应与车辆类型相适应，如图 1-79 所示。

17. 驾驶区隔离设施

目视检查。以下客车应有防止他人侵入驾驶区的隔离设施，如图 1-80 所示。

(1) 2019 年 11 月 1 日起出厂的车长大于或等于 6m 的设有乘客站立区的客车和未设置乘客站立区的公共汽车。

(2) 2020 年 8 月 1 日起出厂的车长大于 9m 的公路客车和旅游客车。

封闭式货车在最后一排座位的后方应安装隔离装置；对 2018 年 1 月 1 日起出厂的封闭式货车，应采用板式隔离装置。

图 1-79　危险货物运输车辆标志

图 1-80　驾驶区隔离设施

18. 肢体残疾人操纵辅助装置

目视检查。在用机动车安全检验时，加装肢体残疾人操纵辅助装置的汽车，操纵辅助装置铭牌标明的产品型号和产品编号应与机动车行驶证或操纵辅助装置加装合格证明记载的产品型号和产品编号一致。

任务实施

按照以下任务的技术要求，对城市公交车进行安全装置检查，并完成表 1-14。

表 1-14　机动车安全装置检查表（人工检验部分，针对公共汽车）

	检验项目	判定结果
安全装置检查	①汽车安全带	
	②应急停车安全附件	
	③灭火器	
	④行车记录装置	
	⑤应急锤	
	⑥辅助制动装置	
	⑦发动机舱自动灭火装置	
	⑧手动机械断电开关	
	⑨驾驶区隔离装置	

1. 检查汽车安全带。

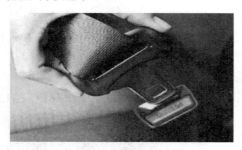

图 1-81 汽车安全带

☐ 完成
☐ 未完成，原因：
技术要求：
(1) 目视检查。
(2) 安全带锁扣锁止有效性和安全带的自动伸缩性。

如图 1-81 所示。

2. 检查应急停车安全附件。

图 1-82 停车安全附件

☐ 完成
☐ 未完成，原因：
技术要求：
(1) 目视检查。
(2) 三角警告牌是否为同心的等腰三角形。

如图 1-82 所示。

3. 检查灭火器

图 1-83 公交车中部位置灭火器

☐ 完成
☐ 未完成，原因：
技术要求：
(1) 目视检查。
(2) 针对客车、危险品运输车、旅居车查看是否按要求配备正确数量且有效的灭火器。

如图 1-83 所示。

4. 检查行车记录装置

图 1-84 行车记录装置

☐ 完成
☐ 未完成，原因：
技术要求：
(1) 目视检查并操作。
(2) 查看行车记录装置显示、强制性产品认证标志、记录功能。

如图 1-84 所示。

项目一 机动车人工检验

5. 检查应急锤

图 1-85 应急锤

☐完成
☐未完成，原因：
技术要求：
(1) 目视检查。
(2) 确认每个应急锤安装座处的应急锤是否齐全。
如图 1-85 所示。

6. 检查辅助制动装置。

图 1-86 辅助制动装置

☐完成
☐未完成，原因：
技术要求：
(1) 目视检查并操作。
(2) 确认 2019 年 1 月 1 日起出厂的装备电涡流缓速器的汽车，电涡流缓速器的安装部位是否设置温度报警系统。
如图 1-86 所示。

7. 检查发动机舱自动灭火装置。

图 1-87 发动机舱自动灭火装置

☐完成
☐未完成，原因：
技术要求：
目视检查。
如图 1-87 所示。

8. 检查手动机械断电开关。

图 1-88 检查手动机械断电开关

☐完成
☐未完成，原因：
技术要求：
(1) 目视检查，操作开关，观察是否断电。
(2) 检查 2013 年 3 月 1 日起出厂的车长大于或等于 6m 的客车安装手动机械断电开关情况。
如图 1-88 所示。

9. 检查驾驶区隔离装置。

图 1-89　驾驶区隔离装置检查

☐完成
☐未完成，原因：
技术要求：
(1) 目视检查。
(2) 2019 年 11 月 1 日起出厂的公共汽车应安装隔离装置。
如图 1-89 所示。

学习任务评价表

时间：40 min　　　　小组＿＿＿＿＿＿＿　　　姓名＿＿＿＿＿＿＿

评价项目	评价标准	配分	自评		互评	
			等级	得分	等级	得分
素养能力	穿工装，做好劳动保护措施	10				
	遵守纪律，遵守学习场所管理规定，服从安排	10				
	具有安全意识、责任意识、5S 管理意识，注重节约、节能与环保	10				
	具有团队合作意识、注重沟通，能自主学习和相互协作	10				
专业知识与能力	根据标准要求，分清不同类型车辆的检测项目	10				
	正确使用检测仪器进行安全装置检查	10				
	对检测结果进行合格性判定	10				
	对不合格的检查项目给出判定依据	10				
按时完成	在规定的时间内完成检测项目	20				
个人自评与小组互评得分						
教师反馈						
教师评价						

实际完成时间：＿＿＿＿＿＿＿　　　　　　　　考核教师：＿＿＿＿＿＿＿

备注：评价等级为掌握、基本掌握、没有掌握。

案例回顾与解析

某旅游客运企业的客运汽车在年检时,人工检验部分显示部分项目不合格。该年检车辆是 2019 年 7 月 1 日出厂的 12m 的 24 座金龙 XMQ6127BYD5T 客车,检验不合格的理由主要有车辆应急停车安全附件不全、灭火器数量不达标且已过期。请分析以上检验不合格的项目对车辆的安全运行有什么影响?

1. 应急停车安全附件

应急停车安全附件包括三角警告牌、汽车乘员反光背心、停车楔。根据国家标准《机动车运行安全技术条件》(GB 7258—2017)的规定,2018 年 1 月 1 日起新出厂的汽车(无驾驶室的三轮汽车除外)应配备三角警告牌、汽车乘员反光背心、停车楔。当车辆发生故障并需要紧急停车时,请在汽车后方一定距离处放置一个三角警告牌,以提醒您后面的车辆不要追尾。反光背心主要供驾驶人或者乘车人在车辆发生故障或其他意外情况下使用,以期保证驾驶人或乘车人在车外的可视认性,防止二次事故的发生。停车楔主要用于提升车辆发生故障或其他意外情况下停车的安全性。

2. 灭火器

该案例中的 12m24 座金龙 XMQ6127BYD5T 客车属于 M3 类三级车辆,根据 GB 34655—2017 的规定,符合 GB/T 15089—2001 的 M3 类客车,单具灭火剂量 ≥4kg,灭火器数量 ≥2 具,1 具位于驾驶人座椅附近,1 具靠近车辆中部或后部。车载灭火器多为干粉灭火器,是以液态二氧化碳或氮气为动力,使干粉灭火剂喷出进行灭火,它的保质期为一年。车主每隔一年,就应该检查一下灭火器内气体是否泄漏、干粉是否结块,以便对灭火器进行充气或者换干粉,否则过了期的灭火器很可能喷不出来干粉,或者喷射的时间大大缩短,直接影响到正常使用,造成安全隐患。

创新与拓展

问题描述	请你根据所学知识并查阅有关资料,设计一套车辆自动灭火装置,要求在火情最初阶段就自动识别火源并报警,再启动灭火程序
创新创效点	
关键技术和主要技术指标	

实现方法或途径	

任务六　底盘动态检验

知识目标

1. 了解最新执行的检验法规。
2. 熟悉不同类型车辆底盘动态检验项目。
3. 掌握车辆底盘动态检验的方法。

底盘动态检验　　底盘动态检验

技能目标

1. 能够使用仪器设备或正确的操作流程对车辆底盘动态检验项目进行检验。
2. 能对检测结果进行合格性判定。
3. 能对不合格车辆提出整改建议。

素质目标

1. 严格按照机动车安全技术检验法规作业，养成严谨、科学的工作态度。
2. 养成良好的安全作业习惯。
3. 严格执行 5S 现场管理。
4. 具备团结协作精神。

思政导学

汽车仪表技术革新与未来发展方向

汽车仪表是汽车"人机"交互的主要媒介，可以为驾驶员提供汽车运行的主要参数信息。在汽车仪表盘发展的百年历史中，汽车仪表经历了从机械式仪表、电气式仪表、模拟电路电子式仪表到全数字液晶仪表的发展历程。汽车液晶仪表是一种网络化、智能化的仪表。液晶屏幕取代了指针、数字等现有仪表盘上最具代表性的部分，能显示车辆的基本信息。此外，它能显示导航地图、多媒体等功能，涡轮压力、油门开度、刹车力度等信息，可同网络、外设及其他应用相连接，汽车液晶仪表是目前最先进的汽车仪表，具备应用优势，符合汽车智能化、电动化的发展趋势。

中国汽车工业的高速发展是汽车仪表行业迅猛发展的动力和最主要因素。2014年至2019年，中国汽车液晶仪表行业的市场规模由164.4亿元增长至192.4亿元。此外，汽车电子化的发展推动汽车仪表向数字时代转换，座舱电子系统逐步升级，也助力汽车液晶仪表发展。5G、大数据、人机交互、汽车芯片与操作系统技术的进步将推动智能座舱未来的发展，而汽车液晶仪表成为智能座舱的重要组成部分。传统的汽车驾驶舱的操作和交互环境主要由汽车液晶仪表、中控显示系统、HUD、行车记录仪等功能分区组成，驾驶者通过这些系统获取行车信息及辅助信息。这些系统相对独立，只能发挥独立的功能，分区明显，布局相对碎片化，容易因驾驶员注意力分散而出现行车危险。未来，汽车屏幕以软屏、其他载体(全息、HUD、裸眼3D等)形式存在，汽车液晶仪表的屏幕可能会与中控大屏相结合。

(资料来源：华经情报网.)

任务导入

某客运公司一辆营运线路为成都到广州、核载人数42人的客车在年检人工检验项目中，因方向盘最大自由转动量实测值为25°、制动时车辆轻微向左跑偏，被判定底盘动态检验不合格。请你给该客运公司的有关人员解释不合格的理由，并提供正确的维修建议。

相关知识

一、车辆底盘动态检验项目

表1-15是不同类型在用机动车底盘动态检验项目的界定。"■"表示该检验项目适用于该类车在用机动车安全检验的全部车型，"□"表示该检验项目适用于该类车在用机动车安全检验的部分车型。

表1-15 在用机动车底盘动态检验项目

检验项目		适用车辆类型					
		载客汽车		货车(三轮汽车除外)、专项作业车	挂车	三轮汽车	摩托车
		非营运小型、微型载客汽车	其他类型载客汽车				
底盘动态检验	转向	□	■	■		■	■
	传动	□	■	■		■	■
	制动	□	■	■	■	■	■
	仪表和指示器	□	■	■		■	■

二、底盘动态检验方法

底盘动态检验主要采用目视和操作的检查方法。各项目具体检查方法参见表1-16所示。

表1-16 底盘动态检验操作方法

序号	项目	检验方法及相关说明
1	转向	检验员操作车辆，起步并行驶20m以上，利用目视、耳听、操作感知等方式检查。对大型客车、重中型货车、重中型载货专项作业车、危险货物运输车使用转向角测量仪测量方向盘最大自由转动量。 转向系统重点检查方向盘转向是否沉重，方向盘间隙是否过大；对于方向把式的三轮汽车、摩托车检查转向是否沉重
2	传动	传动系统重点检查换挡是否正常、变速器倒挡能否锁止、离合器接合是否平稳、离合器有无打滑现象、离合器分离是否彻底
3	制动	以不低于20km/h的速度正直行驶，双手轻扶方向盘，急踩制动踏板后迅速放松。 重点检查正常行驶时车轮有无阻滞、抱死现象，制动响应是否迟滞、制动时方向盘有无抖动，制动时有无跑偏现象
4	仪表和指示器	检验过程中，观察仪表和指示器。 重点检查车速表指示是否随车速变化、指示器有无异常或报警

三、转向盘转向力-转向角检测仪

《机动车安全技术项目和方法》(GB 38900—2020)于2021年1月1日正式实施，在新标准中，对部分车型的方向盘最大自由转动量检测提出了强制要求，对大型客车、重中型货车、重中型载货专项作业车、危险货物运输车使用转向角测量仪测量方向盘最大自由转动量。

检测机构使用转向盘转向力-转向角检测仪即可测量方向盘自由转动量，常见的型式如图1-90所示。

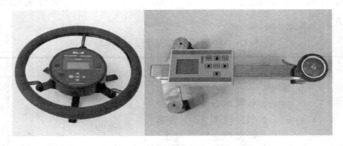

图1-90 转向盘转向力-转向角检测仪

方向盘最大自由转动量的测试流程如下。

(1) 打开电源开关，仪器进入测试界面；操作仪器清零功能，或调整角度传感器旋钮，使仪器的角度指示值为0，固定传感器旋钮，进入仪器测量过程，如图1-91所示。

(2) 测量前将检测仪安装在被测车辆的方向盘上，安装应保证三个固定脚长度一致，并将螺栓扭紧，保证检测仪与车辆方向盘结合牢固，如图1-92所示。

图 1-91　仪器清零

图 1-92　安装测量仪

(3) 逆时针旋转仪器,当力值显示为 5~40N(针对不同车型,力值会有差异)之间时,并且达到左限度时(车轮不动),按"保存"键,然后顺时针旋转仪器,当力值显示为 5~40N(针对不同车型,力值会有差异)之间时,并且达到右限度时(车轮不动),再次按"保存"键(见图 1-93),方向盘最大自由转动量的测量完成。

图 1-93　操作测量仪

四、合格性判定标准

1. 转向

车辆转向性能合格判定依据为:转向时车辆的方向盘应转动灵活,操纵方便,无卡滞现象,最大自由转动量应符合 GB 7258 的相关规定;对于使用方向把的三轮汽车、摩托车,转向轮转动应灵活。

需要说明的是:

方向盘最大自由转动量是指在静止状态下检验员向左转动方向盘至转向轮开始动作的瞬间作为起点,然后检验员向右转动方向盘至转向轮开始动作的瞬间作为止点,起点和止点形成的转角。根据《机动车运行安全技术条件》GB 7258—2017 中 6.4 的规定,机动车方向盘的最大自由转动量应小于或等于:

(1) 最大设计车速大于或等于 100km/h 的机动车 15°。
(2) 三轮汽车 35°。
(3) 其他机动车 25°。

需要注意的是:从事高速公路客运或者营运线路长度在 800km 以上的客运车辆,应当达到 JT/T 198—2016《营运车辆技术等级划分和评定要求》规定的一级技术等级。2020 年 12 月 14 日,交通运输部办公厅发布了《关于优化道路运输车辆技术管理便利开展车辆技术等级评定工作的通知》(发文字号:交办运〔2020〕67 号),在道路运输车辆技术等级(一级)评定要求中,针对最高设计车速大于或等于 100km/h 的车辆,方向盘最大自由转动量不大于 10°,其他车辆不大于 20°。

2. 传动

传动系满足以下要求,判定传动性能合格:

(1) 车辆换挡应正常,变速器倒挡应能锁止。

(2) 离合器接合应平稳，无打滑、分离不彻底等现象。

3. 制动

车辆制动性能合格判定依据为：车辆正常行驶时不应有车轮卡滞、抱死现象；制动时制动踏板动作应正常，响应迅速，无方向盘抖动、跑偏现象。对于采用液压制动的车辆，达到规定的制动效能时，踏板行程一般不得超过全行程的 3/4；制动器装有自动调整间隙装置的踏板行程，一般不得超过全程的 4/5。

4. 仪表和指示器

仪表和指示器合格判定依据为：车辆配备的车速表等各种仪表和指示器不应有异常情形。如车辆正常运转时安全带状态的指示灯，按照车型不同，灯会亮起数秒进行提示，或者直到系好安全带才熄灭，有的车还会有声音提示。对于因尾气排放检验或其他仪器设备检验导致的 ABS、EBS、ESC、TCS 等指示灯亮起时，不应简单地认定为仪表和指示器异常，应关闭汽车电源后重新启动车辆(必要时行驶一段距离)，再检查车辆的相应指示灯。

任务实施

按照以下任务的技术要求，对营运性质的载客汽车进行底盘动态检验，并完成表 1-17。

表 1-17 机动车底盘动态检验表(人工检验部分，针对营运客车)

	检验项目	判定结果
底盘动态检验	① 转向	
	② 传动	
	③ 制动	
	④ 仪表和指示器	

一、转向

1. 检查方向盘是否沉重

图 1-94 转动方向盘

□ 完成
□ 未完成，原因：
技术要求：
(1) 操作方向盘。
(2) 感知方向盘转向是否沉重。
如图 1-94 所示。

2. 检查驾驶员操纵车辆转向

图 1-95 驾驶员操纵车辆转向检查

□ 完成
□ 未完成，原因：
技术要求：
(1) 检验员操作车辆，起步并行驶 20m 以上。
(2) 主观评价转向系统间隙是否过大。
如图 1-95 所示。

3. 测量方向盘最大自由转动量。

图 1-96　操作转向角测量仪

☐ 完成
☐ 未完成，原因：
技术要求：
(1) 正确操作转向角测量仪。
(2) 找准方向盘自由转动量的左右有阻力的临界点。
如图 1-96 所示。

二、传动

1. 检查换挡情况

图 1-97　车辆换挡操作

☐ 完成
☐ 未完成，原因：
技术要求：
(1) 操作每个挡位。
(2) 要求换挡正常，倒挡能锁止。
如图 1-97 所示。

2. 检查车辆离合器

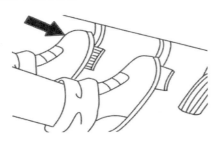

图 1-98　踩离合器

☐ 完成
☐ 未完成，原因：
技术要求：
(1) 操作离合器踏板。
(2) 离合器结合应平稳，分离应彻底。
如图 1-98 所示。

三、制动

1. 检查制动气压。

图 1-99　踩踏制动踏板

☐ 完成
☐ 未完成，原因：
技术要求：
(1) 多次踩踏制动踏板。
(2) 制动气压要符合国家标准。
如图 1-99 所示。

2. 行车制动检验。

图 1-100 制动检验

☐ 完成
☐ 未完成，原因：
技术要求：
(1) 操作车辆以不低于 20km/h 的速度正直行驶，急踩制动踏板后迅速放松。
(2) 制动时应无抖动、跑偏现象。
如图 1-100 所示。

四、仪表和指示器

1. 检查车速表。

图 1-101 检查车速表

☐ 完成
☐ 未完成，原因：
技术要求：
(1) 踏板车辆油门踏板。
(2) 车速指示表应能随车速变化而变化。
如图 1-101 所示。

2. 检查指示器。

图 1-102 仪表亮起发动机故障灯

☐ 完成
☐ 未完成，原因：
技术要求：
(1) 目视检查。
(2) 启动车辆数秒后，仪表指示器不应亮起故障灯。
如图 1-102 所示。

学习任务评价表

时间：40 min　　　小组_____　　　姓名_____

评价项目	评价标准	配分	自评 等级	自评 得分	互评 等级	互评 得分
素养能力	穿工装，做好劳动保护措施	10				
	遵守纪律，遵守学习场所管理规定，服从安排	10				
	具有安全意识、责任意识、5S 管理意识，注重节约、节能与环保	10				
	具有团队合作意识、注重沟通，能自主学习和相互协作	10				

续表

评价项目	评价标准	配分	自评		互评	
			等级	得分	等级	得分
专业知识与能力	根据标准要求，分清不同类型车辆的检测项目	10				
	正确使用检测仪器进行车辆底盘动态检验	10				
	对检测结果进行合格性判定	10				
	对不合格的检查项目给出判定依据	10				
按时完成	在规定的时间内完成检测项目	20				
个人自评与小组互评得分						
教师反馈						
教师评价						

实际完成时间：_____   考核教师：_____

备注：评价等级为掌握、基本掌握、没有掌握。

案例回顾与解析

某客运公司一辆营运线路为成都到广州、核载人数42人的客车在年检人工检验项目中，因方向盘最大自由转动量实测值为25°、制动时车辆轻微向左跑偏，被判定底盘动态检验不合格。请你给该客运公司的有关人员解释不合格的理由，并提供正确的维修建议。

1. 不合格判定依据及理由

从事高速公路客运或者营运线路长度在800km以上的客运车辆，应当达到JT/T 198—2016《营运车辆技术等级划分和评定要求》规定的一级技术等级。2020年12月14日，交通运输部办公厅发布了《关于优化道路运输车辆技术管理便 利开展车辆技术等级评定工作的通知》(发文字号：交办运〔2020〕67号)，道路运输车辆技术等级(一级)评定要求中，针对最高设计车速大于或等于100km/h的车辆，方向盘最大自由转动量不大于10°，其他车辆不大于20°。本案例中营运客车营运路线为成都到广州，里程远远大于800km，技术等级需达到一级。而检测技术人员测得方向盘最大自由转动量为25°，未达到交办运〔2020〕67号通知中规定的要求，故判定转向不合格。

根据《机动车安全技术检验项目和方法》(GB 38900—2020)，底盘动态检验中制动应无阻滞、抱死现象，制动响应迅速，制动时方向盘无抖动，制动时无跑偏现象。本案例中车辆在制动时有轻微跑偏，严重影响行车的安全，故判定制动不合格。

2. 维修建议

1) 转向

(1) 转向器啮合间隙过大。对于采用齿轮齿条式转向器的传动间隙，是通过调整压簧导向螺母、压簧、齿条导向块对齿条预紧力即预加载荷，来调整齿条和齿轮的啮合间隙。对于采用循环球齿条齿扇式转向器的传动间隙，是通过转向器侧盖上的调整螺钉，嵌入齿扇轴侧端发槽内的长短,来调整其对于齿条的轴向位置,从而调整齿扇和齿条间的啮合间隙。将调整螺钉旋入,则啮合间隙减小,反之,则啮合间隙增大。

(2) 转向器总成安装不牢产生松动,应予紧固。

(3) 转向横拉杆球头销磨损松旷,应更换。

(4) 转向节主销即减震器活塞与缸筒磨损,配合间隙过大,应更换。

2) 制动

本案例中两侧轮胎磨损程度及轮胎气压一致,车架无变形,车辆固定向左跑偏。导致固定跑偏可能的原因及维修建议如下。

(1) 前轮制动盘与摩擦片的间隙不一。按说明书的技术要求,检查和调整制动间隙,避免制动力矩发生变化。

(2) 两侧车轮摩擦片的接触面相差太大。需要更换摩擦片时,左右轮应更换同一生产厂家、同一牌号的合格产品,不允许混装乱用,以保证各轮摩擦系数一致。

(3) 两侧车轮分泵推杆行程不一致;制动跑偏较轻的车辆,可采取调整分泵推杆行程的办法解决(即跑偏一边推杆行程适当调小,或另一边适当调大,但不得超过极限)。

(4) 制动系统中有空气。可进行排空处理。

(5) 某侧车轮摩擦片油污、水湿、硬化等。发现前轮制动摩擦片(或制动鼓)沾有油污,应拆下清洗擦干,并用细砂布把衬片表面打光。若轮毂油封漏油,应更换新件。

创新与拓展

问题描述	测量方向盘最大自由转动量需使用方向盘转角测试仪,每套方向盘转角测试仪市场价在 1 500~20 000 元不等。如实训时无现成的方向盘转角测试仪,请你利用量角器、直尺、记号笔等工具,设计一种简单的方法来对方向盘最大自由转动量进行测量
创新创效点	
关键技术和主要技术指标	
实现方法或途径	

项目一　机动车人工检验

任务七　车辆底盘部件检查

知识目标

1. 了解最新执行的检验法规。
2. 熟悉不同类型车辆底盘部件检查项目。
3. 掌握车辆底盘部件检查的方法。

车辆底盘部件检查

车辆底盘部件检查

技能目标

1. 能够使用仪器设备按照正确的操作流程对车辆底盘部件进行检查。
2. 能对检测结果进行合格性判定。
3. 能对不合格车辆提出整改建议。

素质目标

1. 严格按照机动车安全技术检验法规作业，养成严谨、科学的工作态度。
2. 养成良好的安全作业习惯。
3. 严格执行 5S 现场管理。
4. 具备团结协作精神。

思政导学

汽车零配件民族之星

中国的汽车工业起步比较晚，很多汽车技术都掌握在外国人手中，从而导致汽车相关的零配件供应商发展缓慢。但是经过多年的沉淀与发展，在全球汽车零配件排行榜上，我国民族品牌开始崭露头角。在《2021 年全球汽车零部件供应商百强榜》中，延锋汽车内饰位列第 17 名，北京海纳川位列第 42 名，德昌电机位列第 74 名，五菱工业位列第 81 名，中信戴卡位列第 97 名。随着未来汽车电动化、智能化的发展，还会有更多的自主供应商迅速崛起。宁德时代作为我国一家国际大型科技企业，拥有电池行业创新的技术硬核实力，已成为全球科技力量"中国支点"的重要力量。在美国《财富》杂志推出的全球未来 50 强中位列第四。

任务导入

夏季因气温比较高，车龄大的汽车在人工检测部分，应注重车辆底盘部件的检查，如未及时发现问题，则容易引发自燃事故，如图 1-103 所示。试分析自燃发生的原因，及在汽车安全检测过程中，检测员应重点检查哪些地方？

图 1-103　汽车自燃

相关知识

一、车辆底盘部件检查项目

表 1-18 是不同类型在用机动车底盘部件检查项目的界定。"■"表示该检验项目适用于该类车在用机动车安全检验的全部车型，"□"表示该检验项目适用于该类车在用机动车安全检验的部分车型。

表 1-18　在用机动车底盘部件检查项目

检验项目		适用车辆类型					
		载客汽车		货车(三轮汽车除外)、专项作业车	挂车	三轮汽车	摩托车
		非营运小型、微型载客汽车	其他类型载客汽车				
车辆底盘部件检查	转向系部件	□	■	■	■	■	
	传动系部件	□	■	■	■	■	
	行驶系部件	□	■	■	■	■	
	制动系部件	□	■	■	■	■	■
	其他部件	□	■	■	■	■	

二、底盘部件检查方法与合格性判定标准

1. 转向系部件

借助强光手电和专用手锤等工具对转向机构各部件进行目视检查。

转向系部件满足以下要求的判定为合格。

(1) 各部件不应松动、变形、开裂。

(2) 横、直拉杆和球销总成不应有拼焊、损伤、松旷、严重磨损等情形。

(3) 转向节臂、转向球销总成等连接部位不应松旷。

(4) 转向过程中不应有干涉或摩擦现象。

(5) 转向器、转向油泵、转向油管等不应有漏油现象。

2. 传动系部件

检验员在地沟内目视检查，使用强光手电和专用手锤等工具，采用晃动传动轴、敲击等方式进行检查。

传动系部件满足以下要求的判定为合格。

(1) 变速器等部件应连接可靠，不应有漏油现象。

(2) 传动轴、万向节及中间轴承和支架不应有可视的裂损和松旷现象。

3. 行驶系部件

采用目视结合强光手电照射和手锤敲击的方式进行检查。

行驶系部件满足以下要求的判定为合格。

(1) 车桥不应有可视的裂纹、损伤及变形。

(2) 车架纵梁、横梁不应有明显变形、损伤，铆钉、螺栓不应缺少或松动。

(3) 钢板吊耳及销不应松旷，中心螺栓、U形螺栓螺母应齐全紧固、不松旷。

(4) 车桥与悬架之间的拉杆和导杆不应松旷和移位，减振器不应漏油，杆衬套不应出现开裂、与销轴分离等现象。

(5) 空气悬架的控制管路和空气弹簧不应漏气，空气弹簧不应有可视的裂损。

4. 制动系部件

采用目视结合强光手电照射和手锤敲击的方式进行检查。

制动系部件满足以下要求的判定为合格。

(1) 制动系应无擅自改动，不应从制动系统获取气源作为加装装置的动力源。

(2) 制动主缸、轮缸、管路等不应漏气、漏油，制动软管不应有明显老化、开裂、被压扁、鼓包等现象。

(3) 制动系管路与其他部件无摩擦和固定松动现象。

5. 其他部件

采用目视结合强光手电照射和手锤敲击的方式进行检查。

其他部件满足以下要求的判定为合格。

(1) 发动机的固定应可靠。

(2) 排气管、消声器应安装牢固，不应有漏气现象，排气管口不应指向车身右侧(如受结构限制排气管口必须偏向右侧时，排气管口中心线与机动车纵向中心线的夹角应小于或等于15°)和正下方(对于2020年1月1日起生产的汽车若排气管口朝下则其气流方向与水平面的夹角应小于或等于45°)；客车的排气尾管如为直式的，排气管口应伸出车身外蒙皮；专门用于运送易燃和易爆物品的危险货物运输车辆，排气管应装在罐体/箱体前端面之前不高于车辆纵梁上平面的区域，并应安装机动车排气火花熄灭器；专门用于运送易燃和易爆物品的危险货物运输车辆以及加气量大于或等于375L的气体燃料汽车，机动车尾部应安装接地端导体截面积大于或等于$100mm^2$的导静电橡胶拖地带，且拖地带接地端应接地。

(3) 电器导线应布置整齐、捆扎成束、固定卡紧，并无破损现象。

(4) 燃料箱应固定可靠、不漏油；燃料管路不应有明显老化，与其他部件不应有碰擦。

(5) 承载式车身底部应完整，不应有影响车身强度的变形和破损。

(6) 轮胎内侧不应有不规则磨损、割伤、腐蚀。

任务实施

按照以下任务的技术要求，对货车进行底盘动态检验，并完成表 1-19。

表 1-19　车辆底盘部件检验表(人工检验部分，针对货车)

检验项目		判定结果
底盘部件检验	① 转向系部件	
	② 传动系部件	
	③ 行驶系部件	
	④ 制动系部件	
	⑤ 其他部件	

一、转向系部件

1. 检查转向系运动干涉情况

图 1-104　底盘间隙仪

□ 完成
□ 未完成，原因：
技术要求：
(1) 操作底盘间隙仪。
(2) 转向部件与其他部件间无干涉与摩擦。
如图 1-104 所示。

2. 检查转向系统部件

图 1-105　转向系统部件

□ 完成
□ 未完成，原因：
技术要求：
(1) 借助强光手电，结合专用手锤，对转向系各部件进行目视检查。
(2) 转向系油路不得漏油，横直拉杆和球销不应有损伤、松旷、焊接等。
如图 1-105 所示。

二、传动系部件

1. 检查变速器

图 1-106　变速器漏油

□ 完成
□ 未完成，原因：
技术要求：
(1) 借助强光手电，目视检查。
(2) 变速器连接可靠，无漏油。
变速器漏油现象如图 1-106 所示。

2. 检查传动系部件

图 1-107　检查万向节

☐完成
☐未完成，原因：
技术要求：
(1) 借助强光手电，结合专用手锤，对传动系各部件进行目视检查。
(2) 传动系各部件不应有可视的裂纹和松旷现象。
如图 1-107 所示。

三、行驶系部件

1. 检查钢板弹簧。

图 1-108　钢板弹簧

☐完成
☐未完成，原因：
技术要求：
(1) 钢板弹簧吊耳及销不应松旷。
(2) 中心螺栓、U 形螺栓螺母应齐全紧固。
如图 1-108 所示。

2. 检查减震器。

图 1-109　减震器

☐完成
☐未完成，原因：
技术要求：
(1) 借助强光手电，目视检查。
(2) 减震器应无漏油现象。
如图 1-109 所示。

3. 检查车桥。

图 1-110　货车车桥

☐完成
☐未完成，原因：
技术要求：
(1) 借助强光手电，目视检查。
(2) 车桥不应有可视的裂纹、损伤及变形。
如图 1-110 所示。

4. 检查车架。

图 1-111　货车车架

□ 完成

□ 未完成，原因：

技术要求：

(1) 借助强光手电，目视检查。

(2) 车架纵梁、横梁不应有明显变形、损伤，螺钉、螺栓不应缺少和松动。

如图 1-111 所示。

四、制动系部件

1. 检查制动主缸及管路。

图 1-112　检查制动主缸

□ 完成

□ 未完成，原因：

技术要求：

(1) 借助强光手电，目视检查。

(2) 踩下制动踏板，制动主缸及管路不应漏油。

(3) 制动管路固定良好，与其他部件无摩擦。

如图 1-112 所示。

2. 检查制动轮缸及管路。

图 1-113　检查制动轮缸

□ 完成

□ 未完成，原因：

技术要求：

(1) 借助强光手电，目视检查。

(2) 踩下制动踏板，制动轮缸及管路不应漏油。

如图 1-113 所示。

五、其他部件

1. 检查发动机的固定情况。

图 1-114　检查发动机固定情况

□ 完成

□ 未完成，原因：

技术要求：

(1) 借助强光手电，目视检查。

(2) 发动机固定应可靠。

如图 1-114 所示。

2. 检查排气管、消声器。

图 1-115　排气管与消声器

☐完成

☐未完成，原因：

技术要求：

(1) 借助强光手电，目视检查。

(2) 排气管、消声器安装牢固，不应有漏气现象。

如图 1-115 所示。

3. 检查电气导线。

图 1-116　电气导线

☐完成

☐未完成，原因：

技术要求：

(1) 借助强光手电，目视检查。

(2) 布置整齐，捆扎成束，固定卡紧，不与其他部件发生摩擦。

如图 1-116 所示。

4. 检查燃料箱。

图 1-117　货车燃油箱

☐完成

☐未完成，原因：

技术要求：

(1) 借助强光手电，目视检查。

(2) 油箱固定可靠、不漏油，燃料管路无老化，与其他部件不碰擦。

如图 1-117 所示。

5. 检查轮胎内侧。

图 1-118　轮胎内侧

☐完成

☐未完成，原因：

技术要求：

(1) 借助强光手电，目视检查。

(2) 轮胎内侧不应有不规则磨损、割伤、腐蚀。

如图 1-118 所示。

学习任务评价表

时间：40 min　　　小组_____　　　姓名_____

评价项目	评价标准	配分	自评		互评	
			等级	得分	等级	得分
素养能力	穿工装，做好劳动保护措施	10				
	遵守纪律，遵守学习场所管理规定，服从安排	10				
	具有安全意识、责任意识、5S 管理意识，注重节约、节能与环保	10				
	具有团队合作意识、注重沟通，能自主学习和相互协作	10				
专业知识与能力	根据标准要求，分清不同类型车辆的检测项目	10				
	按照正确的方法、使用正确的检测工具对车辆进行底盘部件检验	10				
	对检测结果进行合格性判定	10				
	对不合格的检查项目给出判定依据	10				
按时完成	在规定的时间内完成检测项目	20				
个人自评与小组互评得分						
教师反馈						
教师评价						

实际完成时间：_____　　　考核教师：_____

备注：评价等级为掌握、基本掌握、没有掌握。

案例回顾与解析

　　夏季因气温比较高，车龄大的汽车在人工检测部分，应注重车辆底盘部件的检查，如未及时发现问题，则容易引发自燃事故。试分析自燃发生的原因，及在汽车安全检测过程中，检测员应重点检查哪些地方？

　　引发汽车自燃的原因较多，如汽车的油路出现问题造成漏油、漏液；车辆电线老化或接触不当造成短路或产生火花；高温引起车内易燃物品燃烧；车辆撞击或因机件故障引起火灾等。在车辆安全技术检验的底盘部件检查时，应重点检查电器导线、燃料箱及管路、排气管。

1. 电器导线

　　汽车电路系统绝大多数是 12V 的直流电，设计虽然安全，但是随着车龄的增长，机舱内与底盘的线路会发生老化，导线的绝缘层会出现破损导致短路，很有可能产生明火引起车辆自燃。在底盘部件检查时，应重点检查电器导线是否老化、有无破损、是否捆扎成束并固定良好。

2. 燃油系统

在汽车自燃事件中，燃油泄漏是最重要的原因。燃油管路存在老化，管路接口松动，如与其他部件间有摩擦，很容易导致漏油。在底盘部件检查时，应重点检查燃料箱是否固定可靠、不漏油，燃油管路是否老化、接口是否松动、固定是否良好。

3. 排气管

排气管如布置不恰当，不容易及时排热、消除火星。所以在底盘部件检查时，排气管不应有漏气现象，排气管口不应指向车身右侧(如受结构限制排气管口必须偏向右侧时，排气管口中心线与机动车纵向中心线的夹角应小于或等于15°)和正下方(对于2020年1月1日起生产的汽车，若排气管口朝下，则其气流方向与水平面的夹角应小于或等于45°)；客车的排气尾管如为直式的，排气管口应伸出车身外蒙皮；专门用于运送易燃和易爆物品的危险货物运输车辆，排气管应装在罐体/箱体前端面之前不高于车辆纵梁上平面的区域，并应安装机动车排气火花熄灭器；专门用于运送易燃和易爆物品的危险货物运输车辆以及加气量大于或等于375L的气体燃料汽车，机动车尾部应安装接地端导体截面积大于或等于100mm^{2}的导静电橡胶拖地带，且拖地带接地端应接地。

创新与拓展

问题描述	根据所学知识及查阅资料，掌握汽油机排气的频率及排气消声器的工作原理。请你设计出一套新型的排气消声系统，能有效降低汽车的排气噪声
创新创效点	
关键技术和主要技术指标	

实现方法或途径	

机动车人工检验

项目二　汽车动力性与经济性评价

任务一　汽车动力性评价

知识目标

1. 掌握汽车动力性能评价指标。
2. 了解底盘测功机的结构。
3. 掌握汽车动力性能的检测方法。

技能目标

1. 汽车路试动力性检测的方法。
2. 会分析影响汽车动力性能的因素。

素质目标

1. 培养良好的安全与卫生习惯。
2. 培养团队协作能力。

思政导学

中国首位 F1 正式车手

2021 年 11 月 16 日，一级方程式(F1)阿尔法罗密欧车队官宣，中国车手周冠宇正式加盟该队，成为中国历史上首位 F1 车手，写下了中国汽车运动的又一里程碑。在周冠宇之前，李英健、程丛夫、江腾一、董荷斌、马青骅、方骏宇……几代中华赛车手都曾距离 F1 正式车手一步之遥，这种接力终于由周冠宇完成了最后一棒。中国车手出现在 F1 赛场上，是广大车迷朋友的期盼和中国几代赛车人的梦想，必将对中国赛车起到积极的推动作用，将载入中国汽车运动的史册。

1999 年出生在上海的周冠宇，从小就对赛车产生了浓厚兴趣。练习卡丁车不过两年多的时间，周冠宇就在 10 岁时包揽了全国卡丁车锦标赛八个分站赛的全部冠军，展现了强大的车手天赋。2010 年，11 岁的周冠宇前往英国，一边上学一边训练，并开始了在欧洲的卡丁车比赛生涯。在相继斩获全美锦标赛、全英锦标赛以及欧洲锦标赛 14～17 岁组别年度总冠军的同时，法拉利车手学院向他抛来了橄榄枝。开启赛车方程式生涯后，从 F4、F3、F2 再到如今成为 F1 的正赛车手，周冠宇在天赋与后期的努力下，一路凭借出色的战绩"打怪升级"。

(资料来源：新华社，2021.11.18.)

任务导入

小李最近买了一辆二手车，现代 ix25 2015 款 2.0DLX AT 4WD，行驶里程数为 3 万千米。但汽车的动力性表现却不尽人意，出现加速无力、爬坡吃力，且郊区行驶的实际油耗达到 15 L/100km，远超工信部公布的该车的综合工况油耗(该车的综合工况油耗为 8.2L/100km)，检查了发动机的机油质量、火花塞点火能量、空气滤清器清洁程度等，技术状况都十分良好，检测机构建议小李进行滑行试验。请你学习完本任务后，告知小李滑行试验的检测方法，分析造成小李汽车动力性下降可能的原因，并给小李提出维修建议。

相关知识

一、动力性的评价指标

汽车的动力性是汽车的基本使用性能，也是汽车各种性能中最基本、最重要的性能之一。汽车的动力性能是指汽车在良好路面上直线行驶时由汽车受到的纵向外力决定的、所能达到的平均行驶车速，主要由三个方面的指标来评定，即最高车速、汽车的加速时间、汽车最大爬坡能力。汽车运输效率的高低在很大程度上取决于汽车的动力性。

1. 最高车速

最高车速是指在水平良好的路面(混凝土或沥青)上并且无风的条件下，汽车行驶的行驶阻力与驱动力平衡时达到的持续稳定的速度，用来表示汽车的极限行驶能力。汽车的最高车速，与装备质量、发动机、变速器的技术有关。一般来讲，对于货车，装备质量越大，最高车速越低；对于轿车，不同类型汽车动力参数不同，其最高车速也不同，而发动机排量相同的汽车，最高车速还取决于变速器的选用、整车性能的调教等。例如，表2-1中的大众POLO和丰田卡罗拉发动机排量都是1.5L，两者的最高车速却有差异。

表2-1 不同级别轿车最高车速

类别	车型	发动机排量/L	最高车速/(km/h)	类别	车型	发动机排量/L	最高车速/(km/h)
微型车	奥拓	0.8	120	中型车	标致508	1.6T	220
	比亚迪F0	1.0	151		吉利博瑞	1.8T	215
小型车	雪佛兰赛欧	1.3	175	中大型车	奥迪A6L	2.0T	245
	大众POLO	1.5	190		宝马7系	3.0T	250
紧凑车型	丰田卡罗拉	1.5	180	大型车	宾利飞驰	6.0T	333
	名爵6	1.5T	210		劳斯莱斯幻影	6.7T	250

2. 汽车的加速时间

汽车在加速时，加速度一般较难直接测量出来，所以用汽车的加速时间来表征车辆的加速性能，从而更直观更方便地表达汽车的加速性能。汽车的加速时间包括原地起步加速时间和超车加速时间。

(1) 原地起步加速时间，是指汽车从静止状态下，由第Ⅰ挡或Ⅱ挡起步，并以最大的加速强度逐步换至高挡后，到某一预定的距离车速或车速所需的时间。一般常用原地起步行驶，以0~400m距离所需的时间秒数来标明汽车原地起步加速能力；也有用原地起步从

0~100km/h 行驶速度所需的时间来标明汽车原地起步加速能力。表 2-2 所示为几种车型 0~100km/h 的加速时间。

表 2-2　几种车型的加速时间

品牌	排量	0~100km/h 加速时间/s
大众 POLO	1.5L	12
丰田凯美瑞	2.0L	10.35
宝马 525Li	2.0T	8.6
奔驰 S500L	3.0T	4.8
保时捷 911	3.0T	4.2
布加迪威龙	8.0L	2.5

(2) 超车加速时间，是指由某一车速开始，用最高挡或次高挡全力加速至某一高速所需要的时间，用来表示汽车超车时的加速能力。加速时间越短，汽车的加速性能越好，整车的动力性也越好。汽车加速时间与整车的悬挂系统、车身构造、轮控系统、发动机排量、发动机性能等因素都有直接的关系。

3. 汽车最大爬坡度

汽车最大爬坡能力是指汽车满载，行驶在良好的路面上，克服驱动阻力(滚动阻力和空气阻力之和)之后，在爬坡行驶时克服坡度阻力并以一定速度行驶达到的最大爬坡坡度。如公式 2-1，最大爬坡度用 i_{max} 表示。

$$i_{max} = \tan \alpha_{max} = \frac{h}{s} \tag{2-1}$$

式中：α_{max}——最大爬坡角度，°；

　　　h——坡高度，m；

　　　s——坡底长度，m。

特别注意：某段道路爬坡度 i 为 30%，也就是说，在水平距离前进 100 m，垂直高度上升 30 m。但是，如果用爬坡角度 α 表示的话，这段路的角度是 16°42"。而 i 为 100%的坡度，爬坡角度 α 为 45°。

普通轿车的最大爬坡度 i 是 32%左右，部分四驱车型能更高一些，但是受到车身几何尺寸的限制，很少有超过 40%的。两驱城市 SUV 的爬坡能力不如轿车，比如丰田汉兰达、本田 CRV，它们的最大爬坡度 i 为 28%，其他大部分两驱的 SUV 最大爬坡度在 30% 左右。

四驱城市 SUV 的最大爬坡度 i 可达到 40%。例如，日产的奇骏，最大爬坡度 i 可以达到 46.6%。越野车的爬坡能力是非常强的，最大爬坡度 i 接近 100%。

根据物理极限，没有车能克服 100%以上的坡度，即坡路角度 45°以上，如图 2-1 所示。

图 2-1　汽车爬坡度测试

二、动力性能的道路试验

对汽车动力性的检测,有道路试验检测(简称路试)和室内台架试验检测(简称台试)两种方法。路试条件与车辆实际运行状况的条件相符,其结果更能真实地体现汽车的动力性。

1. 道路试验条件

1) 汽车条件

要求汽车的发动机、传动、行驶、转向等系统完好无损,各轮胎气压正常,装载质量为厂家规定的最大装载质量,客车乘员质量或替代重物也应符合规定要求。试验前汽车应进行预热行驶,使发动机达到正常行驶温度。

2) 道路条件

进行最高车速试验的道路应是平坦、干燥、清洁的沥青或混凝土路面,路长 2~3km,宽度不小于 8m,纵向坡度在 0.1% 以内。进行最大爬坡度试验时,要求坡道长度不小于 25m,坡度均匀,坡前应有 8~10m 的平直路段。

3) 气象条件

试验应在没有雨雾的天气下进行,气温在 0℃~40℃,相对湿度小于 95%,风速不大于 3m/s。

4) 试验仪器

路试要求测量汽车行驶的速度、加速度、行驶里程、时间等,使用的仪器主要是"第五轮仪"或非接触式车速仪等。第五轮仪如图 2-2 所示。机械部分主要就是一个车轮,使用时拖在车后,故称为"第五轮"。

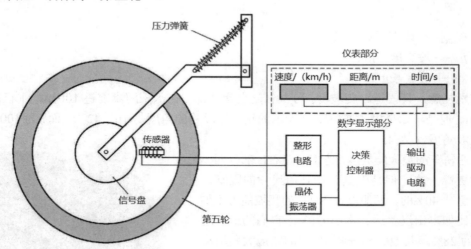

图 2-2 第五轮仪组成原理示意图

第五轮仪有时因路面状况不良而打滑,或因轮胎气压等原因而影响测试精度,而且不适合 180km/h 以上的高速测试。近年来多采用非接触式车速仪代替第五轮仪,如图 2-3 所示。非接触式车速仪采用光电原理和滤波技术,投光器向地面发射光束,受光器根据地面的反射信号经过滤波处理后得到的光电信号频率来计算车速。

图 2-3　非接触式车速仪

2. 试验项目

1) 最高车速试验

《汽车最高车速试验方法》(GB/T 12544—2012)规定，最高车速试验应在直线道路或环形道路上进行，试验路面应坚硬、平整、干净、干燥并具有良好的附着系数。

试验前，应先检查车辆的转向、制动等效能以保证安全。试验时，应关闭汽车门窗。直线道路测量区长度应至少 200m，环形道路测量区长度应至少 2 000m，测试区应保留足够的加速路段，使汽车在进入测量路段前即能够达到最高稳定车速。

试验汽车在加速区间以最佳加速状态行驶，加速踏板踩到底，换入最高车速对应挡位，使汽车以最高的稳定车速通过测量路段。直线道路双方向试验，每个方向上的试验不少于一次；单方向试验，只允许从一个方向进行试验。

2) 加速性能试验

加速性能试验包括原地起步加速试验与超车加速试验。原地起步加速试验的具体规定各国不同，对轿车常用 0～80km/h 或 0～100km/h 的时间作为评价指标，规定的距离一般为 0～400m、0～800m 或 0～1000m 等。起步加速时间越短，加速性能越好。

超车加速试验时变速器置于预定挡位，加速中不能换挡。先以预定车速作等速行驶，进入测试路段后迅速将加速踏板踩到底，汽车以最大加速度行驶至某一高速，记录从低速到高速所需要的时间。

3) 爬坡性能试验

爬坡性能试验主要是检验汽车爬陡坡的能力。《汽车爬陡坡试验方法》(GB/T 12539—2018)规定，测试路段坡道长不小于 20m，测试路段的前后设有渐变路段，坡前平直路段不小于 8m，应为表面平整、坚实、干燥、坡度均匀的自然坡道，如图 2-4 所示。

汽车挡位置于最低挡，如有副变速器也置于最低挡，自动挡汽车置于 D 挡(或按制造商要求)，全驱车使用全轮驱动。将汽车停于接近坡道区域的平直路段上，起步后将油门全开，在测试路段采集汽车的车速及发动机转速变化数据，爬坡中车速不断升高或趋于稳定通过测试路段，则爬坡成功并记录平均车速。

4) 滑行试验

滑行是指汽车加速到某预定车速后，脱开发动机动力，利用汽车自身动能继续行驶直到停车的过程。滑行试验的目的是测试汽车车轮的滚动阻力、车身空气阻力以及传动系统的各种阻力。

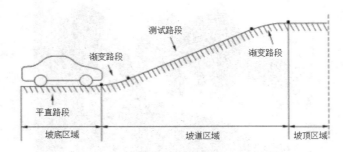

图 2-4　爬坡性能试验道路示意图

《汽车滑行试验方法》(GB/T 12536—2017)是现行的国家标准。滑行试验在平直路面上进行，初速度一般选择 50km/h。在进入滑行之前，先让车速略高于 50km/h，然后将变速器置于空挡，松开离合器踏板，开始滑行，当车速达到 50km/h 时开始测量，记录整个滑行过程的时间和滑行距离。

三、动力性台架试验评价指标

《机动车安全技术检验项目与方法》(GB 38900—2020)取消了在用机动车的动力性检测。对于汽车制造、科研、维修等单位，动力性台架试验依照《汽车动力性台架试验方法和评价指标》(GB 18276—2017)，该法规规定了汽车动力性采用驱动轮输出功率作为检测参数，在底盘测功机上进行驱动轮输出功率的检测，检测工况采用汽车额定扭矩(最大转矩)和额定功率(最大功率)的工况，即发动机全负荷与额定扭矩转速和额定功率转速所对应的直接挡(无直接挡时指传动比最接近于 1 的挡位)车速构成的工况。由于实际测试环境状态与标准环境状态差别较大，汽车在不同的测试环境下驱动轮输出功率不同，如在高原、热带和寒冷地区，发动机功率显著下降，且发动机性能在冬季和夏季也有差别，这样以实际驱动轮输出功率和额定值比较将导致不正确的检测结论，所以需将实测驱动轮输出功率校正为标准环境状态下的功率，再与额定输出功率进行比较，即采用校正驱动轮输出功率与相应的发动机输出总功率的百分比作为驱动轮输出功率的限值，如公式 2-2 和公式 2-3。

$$\eta_{VM} = \frac{P_{VMO}}{P_M} \qquad (2\text{-}2)$$

$$\eta_{VP} = \frac{P_{VPO}}{P_e} \qquad (2\text{-}3)$$

式中：η_{VM}——汽车在额定扭矩工况下的校正驱动轮输出功率与额定扭矩功率的百分比，%；

　　　η_{VP}——汽车在额定功率工况下的校正驱动轮输出功率与额定功率的百分比，%；

　　　P_{VMO}——汽车在额定扭矩工况下的校正驱动轮输出功率，kW；

　　　P_{VPO}——汽车在额定功率工况下的校正驱动轮输出功率，kW；

　　　P_M——额定扭矩功率，kW；

　　　P_e——额定功率，kW；

汽车动力性合格的条件如公式 2-4 所示。

$$\eta_{VM} \geq \eta_{Ma} \quad 或 \quad \eta_{VP} \geq \eta_{Pa} \tag{2-4}$$

式中：η_{Ma}——汽车在额定扭矩工况下校正驱动轮输出功率与额定扭矩功率的百分比的允许值，%；

η_{Pa}——汽车在额定功率工况下校正驱动轮输出功率与额定功率的百分比的允许值，%。

四、底盘测功机的基本功能

底盘测功试验台是一种不解体检验汽车性能的检测设备，是通过在室内台架上模拟道路行驶工况的方法来检测汽车的动力性，而且还可以测量多工况排放指标及油耗。底盘测功试验台是以滚筒的表面代替路面，实验室通过加载装置给滚筒施加负荷，以模拟行驶阻力，使汽车在尽可能接近于实际行驶工况下进行各项检测与试验。因此，它可检测汽车的动力性、燃料经济性、滑行性能、制动性能和车速表指示误差等。与道路试验相比，这种使用台架试验的方法优点在于操作方便灵活、性能可靠、不受外界条件干扰、操作时间短、检测快速准确。

底盘测功机一般由滚筒装置、举升与制动装置、测功装置(功率吸收装置)、测速装置、控制与指示装置、惯量模拟装置、安全辅助装置等构成，如图2-5所示。

图 2-5 底盘测功机

1) 滚筒装置

滚筒相当于连续移动的路面，被检汽车的车轮在其上滚动，底盘测功机根据滚筒部分的结构形式不同可以分为三种，如图2-6所示。

图2-6(a)所示是一种大直径、单滚筒的形式。滚筒直径越大，模拟路面的效果就越好。但直径过大则设备太笨重，占地面积大，安装也不方便。这种大滚筒的试验台主要在汽车制造厂或科研部门使用，不适用于汽车维修和检测部门。

图2-6(b)和图2-6(c)所示是双轴双滚筒和单轴双滚筒式结构的试验台。双滚筒检测台的滚筒直径比单滚筒要小得多，一般为185～400mm，但滚筒不能做得太小，否则将会增大滑转率、滚动阻力和滚动损失功率，还会提高轮胎的温度，特别是高速转动时这些不利影响更加显著。这种双滚筒式试验台安装和使用很方便，广泛应用于汽车检测维修部门。

2) 举升与制动装置

常用的举升装置有气压式、液压式和电动式三种类型，由举升器和举升平板组成，设置在主、从滚筒之间，方便汽车进出底盘测功机。

制动装置与举升装置联动，当举升装置升起时，滚筒的制动装置开始制动，防止滚筒转动，保证汽车顺利进出底盘测功机；当举升装置下降时，制动装置解除制动，确保滚动能够正常转动，能够进行测功等项目。

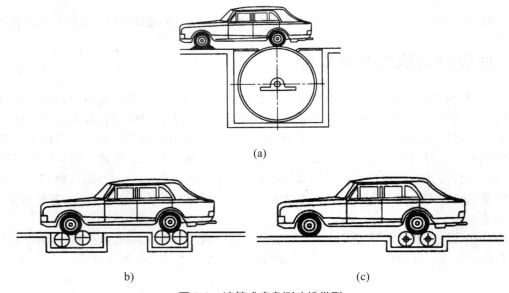

图 2-6 滚筒式底盘测功机类型

3) 测功装置

测功装置也称功率吸收装置，是给汽车的驱动轮加载的装置，在做台架试验时，为了模拟汽车在道路上行驶时的各种阻力，就必须人为地给汽车驱动轮施加大小可调节的负载。测功装置由测功器和测力装置组成。

常用的测功器有水力测功器、电力测功器和电涡流测功器三种。电涡流测功器具有测量精度高、振动小、结构简单和易于调控等优点，所以在汽车检测维修部门使用的底盘测功器多采用电涡流测功器，如图 2-7 所示。

4) 测速装置

底盘测功试验台在进行测功、加速、等速、滑行和燃料经济性等试验时，都需要测得试验速度。测速装置多为电测式，一般由速度传感器、中间处理装置和指示装置等组成。如图 2-8 所示，速度传感器安装在滚筒一端，当滚筒转动时，能把滚筒的转速转变为电信号，该电信号经放大后送入处理装置，换算为车速(km/h)并在指示装置上显示出来。

图 2-7 电涡流测功器

图 2-8 测速传感器

5) 控制与指示装置

底盘测功机的控制装置和指示装置往往制成一体，形成柜式结构，安装在底盘测功试验台机械部分左前方易于操作和观察的地方。如果测力装置为电测试，指示装置能直接指示驱动车轮的输出功率。特别是微机控制的底盘测功试验台，测力杠杆下测力传感器输出的电信号送入微机处理后，可在指示装置上直接显示功率，如图 2-9 所示。

6) 惯量模拟装置

带有飞轮的底盘测功机称为惯性式底盘测功机，能利用惯性飞轮的转动惯量来模拟汽车旋转质量的转动惯量及汽车平移质量的惯量，进行加速性能和滑行性能等性能试验，采用电磁离合器自动或手动切换飞轮的组合，在允许的误差范围内满足汽车的惯量模拟，如图 2-10 所示。目前由于我国对汽车台架的惯量没有制定相应的标准，因而国产底盘测功机所装配的惯性飞轮的个数不同，且飞轮惯量的大小也不同，飞轮的个数越多，则检测的精度愈高，飞轮的数量、质量一般按照被测汽车的质量选取。

图 2-9　测力传感器

图 2-10　带飞轮的底盘测功机

7) 安全辅助装置

滚筒式底盘测功试验台的安全辅助装置包括汽车的纵向约束装置和冷风装置等。

纵向约束装置如图 2-11(a)所示，是汽车在滚筒式底盘测功试验台上试验时，为防止汽车前后移位所设置的必要的纵向约束装置。双滚筒式试验台一般不设纵向约束装置，必要时在从动车轮前后加三角木就可以保证试验顺利进行。对于单滚筒式试验台，由于要保证驱动车轮在滚筒上运转时能稳定地置于准确位置，只有三角木是绝对不够的，还必须在汽车前后设置能拉紧汽车的钢质链锁。三角木和钢质链锁均称为纵向安全约束装置。

(a) 用三角形挡铁顶住非驱动车轮

(b) 发动机前放置鼓风机

图 2-11　安全辅助装置

冷风装置如图 2-11(b)所示，汽车在滚筒式底盘测功试验台上模拟道路行驶时，虽然驱动车轮在滚筒上滚动，但汽车并不发生位移，因而缺少迎面风，致使发动机冷却系的散热强度相对不足。特别是当长时间处于大负荷、全负荷试验工况时，发动机容易过热，因而必须在汽车前面面对散热器设置移动式冷风机，以加强冷却。长时间试验也提高了轮胎胎面的工作温度，为了延长轮胎使用寿命，在驱动桥两端面，对着驱动轮处亦应设置移动式冷风机，以加强轮胎散热。

五、底盘测功试验台检测方法

1. 检测前准备

1) 底盘测功试验台的准备

使用试验台之前，按厂家规定的项目对试验台进行检查、调整、润滑，在使用过程中，要注意仪表指针的回位、举升器工作的导线接触情况。对于水冷测功机，应将冷却水阀打开；为防止发动机过热，将冷却风扇置于被检汽车前方约 0.5m 处，对发动机吹风。

2) 被检汽车的准备

汽车开上底盘测功试验台以前，调整发动机供油系及点火系至最佳工作状态；轮胎气压应符合汽车制造厂的规定；轮胎上粘有油污、泥土、水或花纹沟槽内嵌有石子时，应清理干净；轮胎花纹深度必须符合《机动车运行安全技术条件》(GB 7258—2017)的规定；运行汽车，使发动机冷却液温度达到正常工作温度；检查汽车传动系的连接状况。

2. 检测方法

(1) 车辆按照与滚筒垂直方向驶上底盘测功机，如图 2-12 所示。

(2) 用两个三角木抵住被检汽车从动轮的前方，进行必要的纵向约束，并在车前放置鼓风机，如图 2-13 所示。

图 2-12　汽车垂直驶上底盘测功机

图 2-13　非驱动轮安放三角木

(3) 车辆停放到位后，接通电源，落下举升器托板，根据被检车辆的功率，通过功能选择键来选择测试功率的挡位，如图 2-14 所示。

(4) 启动发动机，松开驻车制动，逐渐踩下加速踏板(见图 2-15)，同时调节测功器制动力矩对滚筒加载，使发动机在全负荷工况下以额定功率相应的转速运转。

项目二　汽车动力性与经济性评价

图 2-14　选择合适挡位

图 2-15　屏幕操作提示

(5) 保持发动机全负荷运转，调节功率吸收装置的负荷，测出额定转矩相应转速时驱动轮输出功率值或驱动力值以及试验车速值，如图 2-16 所示。重复检测三次，取平均值；如需测出驱动车轮在不同挡位下的输出功率或驱动力，则要依次挂入每一挡按上述方法进行检测。发动机部分负荷选定车速下驱动轮输出功率或驱动力的检测与此大致相同。

(6) 全部检测结束，待驱动轮停止转动后，移开风扇，去掉车轮前的三脚架，举起举升器的托板，将被检汽车驶离试验台，如图 2-17 所示。

图 2-16　扫描最大轮边功率

图 2-17　移开风扇

(7) 切断测功机电源，清洁工作现场。

3. 检测注意事项

(1) 超过测功机允许轴重或轮重的车辆一律不准上试验台检测。

(2) 检测过程中，切勿按下举升器操纵按钮，汽车前方严禁站人，以确保检测安全。

(3) 检测额定功率和最大转矩相应转速工况下的输出功率时，一定要开启冷却风扇，并密切注意各种异响和发动机的温度。

(4) 磨合期间的新车和大修车不宜进行底盘测功。

(5) 试验台不检测期间，不准在上面停放车辆。

(6) 底盘测功机在测试中如突然发生停电，引车员应立即松开加速踏板，并挂空挡滑行至车辆停驶(不要踩下制动)。

(7) 驾驶员必须严格按引导系统提示进行操作。

(8) 登录员要准确录入车辆的自然状况：车辆系列、车辆类别、燃料类型、额定功率、额定扭矩、额定转速。

学习任务评价表

时间：40 min　　　　小组_____　　　　姓名_____

评价项目	评价标准	配分	自评		互评	
			等级	得分	等级	得分
素养能力	穿工装，做好劳动保护措施	10				
	遵守纪律，遵守学习场所管理规定，服从安排	10				
	具有安全意识、责任意识、5S管理意识，注重节约、节能与环保	10				
	具有团队合作意识、注重沟通，能自主学习和相互协作	10				
专业知识与能力	掌握动力性的评价指标	10				
	熟悉动力性道路试验	10				
	熟悉动力性台架试验检测设备的结构与工作原理	10				
	能使用底盘测功机对汽车动力性进行检测	10				
按时完成	在规定的时间内完成检测项目	20				
个人自评与小组互评得分						
教师反馈						
教师评价						

实际完成时间：_____　　　　考核教师：_____

备注：评价等级为掌握、基本掌握、没有掌握。

案例回顾与解析

小李最近买了一辆二手车，现代 ix25 2015 款 2.0DLX AT 4WD，行驶里程数为 3 万千米。但汽车的动力性表现却不尽人意，出现加速无力、爬坡吃力，且郊区行驶的实际油耗达到 15 L/100km，远超工信部公布的该车的综合工况油耗(该车的综合工况油耗为

8.2L/100km)，检查了发动机的机油质量、火花塞点火能量、空气滤清器清洁程度等，技术状况都十分良好，检测机构建议小李进行滑行试验。请你学习完本任务后，告知小李滑行试验的检测方法，分析小李汽车动力性下降可能的原因，并给小李提出维修建议。

1. 滑行试验

根据GB/T 12536—2017《汽车滑行试验方法》，滑行试验在平直良好路面上进行，初速度一般选择50km/h。在进入滑行之前，先让车速略高于50 km/h，然后将变速器置于N挡，开始滑行，当车速达到50±0.3km/h时开始测量，记录整个滑行过程的滑行距离及滑行初速度。试验至少往返各进行三次，往返的路径应尽量重合，同方向的滑行距离差异不应超过5%，得出双方向的滑行距离算术平均值。

2. 动力性下降的原因

由于小李汽车实际行驶里程数少，发动机技术状况良好，但动力性欠佳，故原因可能出在传动系统、行驶系统和制动系统。

传动系统：传动轴变形弯曲，中间轴承支架松旷，传动轴不平衡等。后桥装配不良或有故障，如轴承调整较紧，轴承孔不同心、齿轮间隙过大、过小等。传动系统润滑不良等。

行驶系统：轮胎气压不标准，轮辋变形，轮胎花纹规格不符合要求，四轮定位参数失准等。

制动系统：制动器间隙偏小。

3. 维修建议

检查传动系统是否松旷、变形、润滑不良；检查轮胎气压和轮胎花纹，轮胎气压应符合车辆使用要求，轮胎花纹深度在磨损极限范围之内，且轮胎应均匀磨损；可采用四轮定位仪对车辆的定位参数进行检测；采用盘式制动的车辆，多次踩踏制动踏板后，用塞尺检查制动摩擦片与制动盘的间隙，单边间隙正常应在0.05mm～0.15mm范围内。

创新与拓展

问题描述	目前，电动汽车技术作为一项新型技术正在快速发展，与传统的内燃机相比，电动汽车的动力性具有哪些特征？我国对电动汽车动力性的试验有怎样的规定呢？请小组讨论并查阅资料，对电动汽车的动力性及动力性试验进行分析
创新创效点	
关键技术和主要技术指标	

实现方法或途径	

任务二　汽车经济性评价

知识目标

1. 掌握汽车经济性的评价指标。
2. 掌握影响汽车经济性的因素。
3. 能描述燃油消耗量道路试验的过程。

技能目标

1. 能运用汽车经济性理论知识对汽车经济性能进行分析。
2. 能通过查阅检测资料确定汽车燃油消耗量道路试验的步骤，并制订工作计划。

素质目标

1. 培养学生独立思考、分析的能力。
2. 培养学生的学习兴趣。

思政导学

一升油一度电行多远？

近年来，全球对控制气候变化的迫切性达成共识。为推动落实《巴黎协定》中将全球升温控制在1.5摄氏度范围内这一目标，中国作出了2030年前实现碳达峰、2060年前实现碳中和的承诺。国内高校学生可积极参加各类汽车节能大赛，比如：Honda中国节能竞技大赛和壳牌汽车环保马拉松。这些大赛鼓励学生用创意的思维，亲手设计、制作节能车辆，持续挑战"一升油一度电行多远"。

2021年壳牌汽车环保马拉松中国赛，长沙理工大学匠心车队通过一年的研发，将一度电发挥到极致——车队设计的"云影一号"节能车(见图 2-18),在仿真实验条件下,一度电能行驶 273km。

图 2-18 云影一号

"云影一号"节能车的超低能耗,得益于团队对配电箱和电机驱动器进行了优化,采用 24V 的动力锂电池作为能源供应,采用多级降压的方式对外部设备进行供电,减小能源损耗;自主设计的无刷电机驱动器,采用全桥驱动电路,选用导通电阻较小的 MOS 管,使用了逻辑门电路进行防直通;通过接入超级电容,将刹车产生的能量储存起来,在后续的行驶中继续为电机提供能量。

此外,在整车设计上,车身呈流线型,车身前脸处采用封闭式设计,能够更流畅地引导气流通过车身。车辆的底盘是一体成型,平滑的底盘能够降低气流通过时的阻力。铝合金方管焊接车架和碳纤维车身构造实现了整车的轻量化设计,兼顾了高强度的车身和低能耗的需求。

(资料来源:中国教育新闻网)

任务导入

万先生买了一辆纳智捷,使用不久后发现汽车油耗非常高,日常使用一般会达到 15L/100km 以上,有时甚至超过 20L/100km。在学习完本任务后,试分析为什么万先生的汽车油耗如此高?思考汽车的油耗与什么因素有关?

相关知识

石油是现代工业尤其是交通运输的重要能源,尽管新能源汽车发展势不可当,世界各大汽车巨头纷纷发布停产燃油车时间,但汽车的燃料在当前仍然是石油产品。随着汽车工业的发展、车辆的增多,使用石油产品越来越多。现在各国都把节约汽车用油作为汽车制造业和汽车运输业中的两个重大问题。在中国,车用燃油占燃油总消耗量的近 55%,燃油消耗占运输成本的比例高达 40%。所以提高燃油经济性不仅可以节约能源,也是降低运输成本的重要措施之一。

一、燃油经济性的评价指标

燃油经济性是燃油汽车的重要性能,也是整车对燃油消耗的综合反映,乘用车常用评价指标有单位行驶里程消耗的燃油升数或单位燃油升数的行驶里程。

在我国及欧洲,采用的评价指标为单位行驶里程消耗的燃油升数,单位是 L/100km,即行驶 100km 所消耗的燃油升数。其数值越大，汽车燃油经济性越差。在美国燃油经济性评价指标为单位燃油升数的行驶里程，单位为 mile/Usgal，指的是每加仑燃油能行驶的英里数。这个数字越大，汽车燃油经济性越好。

二、燃油经济性的法规

《乘用车燃料消耗量评价方法及指标》(GB 27999—2019)按照整备质量的大小对乘用车燃油消耗量的目标限值作出了规定。

2019 年 12 月 31 日，国家标准化管理委员会发布了《乘用车燃料消耗量评价方法及指标》(GB 27999—2019)标准，该标准于 2021 年 1 月 1 日起实施。这是我国面向 2025 年的乘用车五阶段燃料消耗量标准。制定和实施面向 2025 年的燃料消耗量标准是贯彻落实《汽车产业中长期发展规划》的重要措施，旨在推动我国汽车先进节能技术发展和应用，持续降低我国乘用车燃料消耗量，促进新能源汽车产业快速健康发展，提升国际竞争力，使我国乘用车平均燃料消耗量在 2025 年下降至 4L/100km（NEDC 工况），对应二氧化碳排放约为 95g/km(NEDC 工况)，如图 2-19 所示。

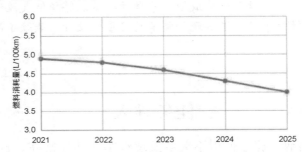

图 2-19　2021—2025 年中国乘用车燃料消耗量目标

2021 年 2 月 20 日，国家市场监督管理总局、国家标准化管理委员会批准发布《乘用车燃料消耗量限值》(GB 19578—2021)。该标准在工业和信息化部指导下，由全国汽车标准化技术委员会组织行业修订，于 2021 年 7 月 1 日起实施。该标准对检测工况作出了修改，即在 2025 年前，传统能源乘用车、插电式混合动力电动乘用车的试验工况将由 NEDC 切换为 WLTC。《乘用车燃料消耗量限值》(GB 19578—2021)与《乘用车燃料消耗量评价方法及指标》(GB 27999—2019)形成第五阶段乘用车燃料消耗量标准，共同支撑双积分管理办法顺利实施。标准实施有利于促进汽车节能技术进步、提高车辆节能水平、淘汰高油耗车型，对促进汽车产业健康可持续发展、支撑实现我国碳达峰和碳中和目标具有重要意义。

三、燃油经济性的检测工况

1. 等速百公里油耗

在我国，2019 年以前，常用等速百公里油耗指标评价燃油经济性，即车辆在一定载荷(乘用车半载)下，在水平良好路面上等速行驶 100km 的燃油消耗量。但是等速行驶不符合汽车实际使用工况，不能真实地反映汽车的实际运行情况。

2. NEDC 循环

NEDC 全称为 new european driving cycle, 翻译成中文就是"新欧洲驾驶周期"。2019年以后, 我国的汽车行业和工信部采用 NEDC 工况来评价汽车燃油经济性。NEDC 测试时的工况条件分为市区工况和市郊工况, 如图 2-20 所示。其中市区工况的测试由四个相同的循环过程组成, 一共需行驶 4.052km 距离, 测试时间为 195s; 在市郊工况只有一个循环过程, 平均车速 62.6km/h, 最高车速 120km/h, 需行驶 6.955km 路程, 测试时间为 205s。但 NEDC 是一套欧洲制定的针对 20 世纪 70 年代生产汽车的能耗测试标准, 采用 NEDC 测试出来的油耗数据与实际数据必然存在较大差异。有数据表明, NEDC 油耗与实际油耗的差异在 30% 左右。NEDC 油耗偏低, 首先是因为其工况与中国实际道路环境差异较大; 其次, NEDC 忽略了气压、温度以及驾驶习惯等因素; 最后, NEDC 也未考虑驾驶员的用车习惯, 如空调使用等。

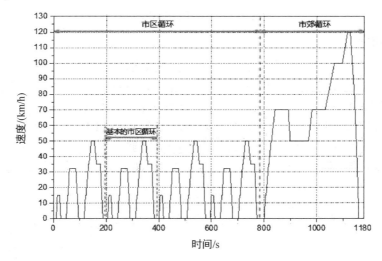

图 2-20　NEDC 检测工况

3. WLTC 循环

WLTP 标准由联合国欧洲经济委员会牵头, 由欧洲、美国、日本等地区和国家的众多专家联合研究, 并于 2015 年正式编纂而成。WLTP 标准中的油耗测试循环也被称为 WLTC 循环(worldwide harmonized light vehicles test cycle)。WLTP 标准根据功率质量比(简称 PWR)将车辆划分为三级, 并对应设计了三种测试循环(NEDC 只有一种), 考虑了四种道路类型: 低速、中速、高速、额外高速等(NEDC 只有两种)。相比 NEDC 的测试时间、模拟路况变化情况、怠速时间等方面都加大了测试强度, 可取得较 NEDC 更接近实际驾驶的油耗表现, 如图 2-21 所示。

WLTC 循环测试持续 1 800s, 分为四个区间, 这四个区间分别为低速、中速、高速以及超高速, 其中超高速区间占比为 18%, 这与中国实际道路环境不相符。此外, 在平均速度、平均加速度、平均减速度、加速比例、减速比例、匀速比例、怠速比例等参数上都不符合我国国情。

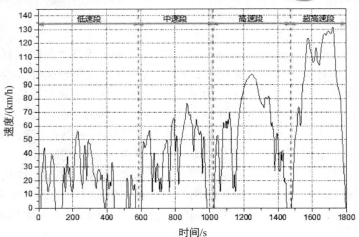

图 2-21　WLTC 检测工况

4. CLTC 循环

由中汽研中心牵头,建立了包含 3832 辆车的采集车队,覆盖传统乘用车、轻型商用车和新能源汽车,行驶超过 41 个代表性城市,收集了约 3278 万千米的车辆运动特征、动力特征和环境特征数据,据此编制了 CLTC 中国轻型汽车行驶工况(China light-duty vehicle test cycle),包含了轻型乘用车工况(CLTC-P)与轻型商用车工况(CLTC-C)。不同类型车辆的行驶工况差异很大,针对不同车型设计不同的工况循环,能够让排放或油耗测试更能反映实际情况,对产品对标或指导消费具有积极意义。图 2-22 所示是中国乘用车的 CLTC-P 循环。

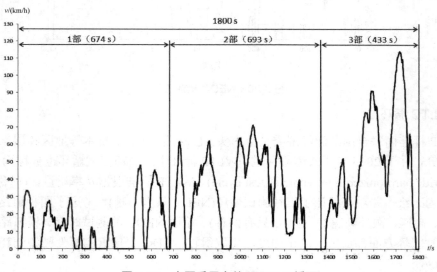

图 2-22　中国乘用车的 CLTC-P 循环

纵观我国汽车燃油经济性的检测标准,从最初的等速百公里油耗,到 NEDC,再到 WLTC,最后到 CLTC。从借鉴他国标准,到建立自己的标准,反映了中国汽车工业实力的增强。CLTC 的问世除了标志着中国汽车消费者有了一套更符合中国国情的排放和油耗测试循环,还展现了目前中国在行业标准制定上的实力。利用互联网和大数据资源来制定标准,中国走在了世界前列，也为世界其他国家制定类似标准提供了一条高效且确实可行的思路。

四、影响汽车燃油经济性的因素

影响汽车燃油经济性的因素有很多，发动机、传动系统、汽车质量、汽车使用因素与驾驶技术等都会影响汽车燃油经济性。

1. 发动机的影响

汽车的燃油消耗量取决于发动机的有效热效率，而发动机的热效率又取决于发动机的种类、设计与制造水平、负荷率大小等。

(1) 发动机的种类：按燃油的种类不同分为汽油机和柴油机，由于柴油机的有效热效率比汽油机高，特别是在部分负荷时，故相同底盘条件下，柴油机的油耗较低。

(2) 燃油供给系：改进燃油供给系，使燃油得到良好的雾化和气化，并且与空气混合均匀，就能改善燃烧过程，从而提高燃油经济性。如采用电子控制燃油喷射系统等。

(3) 发动机的充气效率：采用多气门技术和进气增压技术能有效地提高发动机的充气效率。

(4) 发动机燃烧稀薄混合气：为了改善汽油发动机的燃烧过程，主要趋向是采用稀薄混合气分层燃烧，其空燃比可达 18～21，既可以显著提高燃油经济性，又可以降低排放污染。

(5) 发动机的负荷率：由于发动机的负荷特性，在转速一定的条件下，负荷率较高时，汽油机的加浓装置起作用之前，有效燃油消耗率较低，发动机在中等转速、较高负荷率下工作时，其燃油经济性较好。因此，在保证动力性足够的前提下，汽车不宜装用功率过大的发动机，应提高发动机的功率利用率，降低汽车的燃油消耗量，从而提高汽车的燃油经济性。

(6) 发动机的压缩比：在保证发动机其他性能的前提下，适当提高压缩比可以提高燃油经济性，但要保证发动机不发生爆震。

2. 传动系的影响

(1) 变速器挡数：变速器的挡位数越多，则在汽车行驶阻力变化时选择恰当的挡位，使发动机处于经济工作状况的机会就越多。

(2) 超速挡的应用：在相同的车速和道路条件下，特别是在汽车负荷较小的情况下行驶时，用超速挡比用直接挡时发动机的转速低，负荷率高，燃油的消耗率下降。

3. 汽车质量的影响

(1) 汽车自重：减轻汽车自重能改善汽车燃油经济性。如采用前轮驱动，使用高强度钢、铝合金、树脂、塑料等轻质材料制造汽车零部件等，以减轻汽车自重。

(2) 汽车装载质量：当汽车的装载质量(乘客)增加或挂有拖车时，汽车单位运输工作量的燃油消耗量减少，提高了燃油的利用效率。

4. 汽车使用因素的影响

1) 发动机技术状况

及时养护进气系统和燃油供给系统，改善混合气的形成，以提供理想的混合气成分，可以提高燃油经济性。火花塞的点火能量和合理的点火正时不仅影响燃烧压力、速度，对热效率也有明显影响，应在汽车行驶到规定里程数时进行检查。此外，当发动机冷却液温度过高时，会造成发动机爆震或者影响发动机热效率，应定期检查和补充发动机冷却液。

2) 底盘的技术状况

在动力传动过程中，有10%～15%的能量消耗在底盘传动系统，这部分能量损失主要有以下两部分：液力损失(也称搅拌损失)，它与选用润滑油的品质、黏度、温度、油面高度以及回转件的速度有关；机械损失(也称机械的摩擦损失)，指的是齿轮传动、轴承、油封、制动器等机件的摩擦损失，它与所传递的扭矩大小有关。因此，为了减少传动系统消耗的功率，一要正确选用和加注适当的润滑油，二要提高保养、装配、调整质量，保持底盘各部总成的技术状况良好，从而减少摩擦阻力、提高底盘的滑行性能，以达到降低燃油消耗量的目的。

5. 驾驶技术和路况因素的影响

驾驶技术是影响汽车燃油消耗的主要因素之一。正确驾驶操作可大大降低汽车的燃油消耗量。提高驾驶员的操作技术水平、合理掌握运行工况是改善汽车燃油消耗的有效途径。车辆经常短途行驶，发动机常处于低温状态，油耗会增加。经常行驶于拥堵环境，频繁加速、减速，油耗也会增加。

学习任务评价表

时间：40 min　　　　小组＿＿＿＿＿＿　　　　姓名＿＿＿＿＿＿

评价项目	评价标准	配分	自评		互评	
			等级	得分	等级	得分
素养能力	主动学习并完成预习内容	10				
	遵守纪律，遵守学习场所管理规定	10				
	具有良好的表达能力，善于总结知识	10				
	具有创新思维，完成拓展部分任务	10				
专业知识与能力	掌握经济性的评价指标	10				
	了解汽车燃油经济性的最新标准	10				
	熟悉燃油经济性的检测工况	10				
	掌握影响汽车燃油经济性的因素	10				
按时完成	在规定的时间内完成检测项目	20				
个人自评与小组互评得分						
教师反馈						
教师评价						

实际完成时间：＿＿＿＿＿＿　　　　考核教师：＿＿＿＿＿＿

备注：评价等级为掌握、基本掌握、没有掌握。

案例回顾与解析

万先生买了一辆纳智捷，使用不久后发现汽车油耗非常高，日常使用一般会达到 15L/100km 以上，有时甚至超过 20L/100km。在学习完本任务后，试分析为什么万先生的汽车油耗如此高？思考汽车的油耗与什么因素有关？

1. 汽车油耗高的原因
(1) 汽车本身的发动机工作效率低。
(2) 车辆自重大，汽车每增加 100kg 的重量，每百公里油耗平均增加 0.3~0.7L。
(3) 热车时间过长，汽车怠速一分钟比重启一次更耗油。
(4) 轮胎胎压过低，轮胎接地面积、摩擦力、阻力增大。
(5) 发动机积炭，降低引擎功率，使动力输出衰减。
(6) 空滤过度污染，增加了发动机进气阻力，降低了发动机功率。

2. 汽车的油耗与以下因素有关
(1) 汽车与发动机类型：汽车类型是汽车研发决定的，一般来讲，同排量的车辆，整备质量越重，油耗越高，如越野车油耗比轿车油耗相对较高，四驱车比两驱车油耗高。
(2) 发动机类型：按进气系统的工作方式，分为自然吸气式、涡轮增压式、机械增压式和双增压式四种类型，前两种目前较为常用，同排量条件下，涡轮增压的油耗相对较高。
(3) 变速箱类型：它也会影响油耗，甚至包括传动系统的挡位数传动比以及传动效率，都对油耗有很大影响。
(4) 汽车使用因素：除汽车的技术状况会影响汽车的燃油经济性外，汽车后期的保养、维护、燃油选择、使用工况、驾驶习惯都起着重要的影响作用。
(5) 按照保养要求定期保养，选择合适的机油，定期更换空滤，有助于保持正确的空燃比，降低油耗。根据发动机使用状况，选择性更换火花塞、清理节气门，可以使发动机燃烧状况保持最优，从而降低油耗。
(6) 车辆经常短途行驶，发动机常处于低温状态，油耗会增加。经常行驶于拥堵环境，频繁加速、减速，油耗也会增加。在相同的行驶条件下，发动机发出的功率相同，挡位越低，百公里油耗越大，而使用高挡位时情况相反。

创新与拓展

问题描述	石油资源紧张、环境污染严重、生态破坏、气候变暖、温室效应、海平面上升等诸多问题的解决迫在眉睫，这是中国的需求，也是全球面临的问题，如何解决上述问题？汽车行业可以做出哪些贡献？当前纯电动汽车的发展现状以及未来的趋势如何？试分组讨论，每组派代表发言交流
创新创效点	

关键技术和主要技术指标	
实现方法或途径	

汽车动力性与经济性

项目三　汽车制动性检测

任务一　汽车制动性评价

知识目标

1. 掌握汽车制动性评价的目的及意义。
2. 熟悉汽车制动性评价的相关法规。
3. 掌握汽车制动性评价的基本要求及主要指标。
4. 掌握汽车制动性评价的原理和方法。

技能目标

1. 能对制动跑偏和制动侧滑进行正确的判断和运动分析。
2. 能够分析影响汽车制动性能的因素。

素质目标

1. 建立汽车制动性能分析的标准化、系统化工作思维模式。
2. 养成合作交流、团队协作的意识。
3. 建立专业自信，培养家国情怀。

思政导学

汽车制动系统行业的发展

汽车诞生初期，整体结构较为简单，采用简单的机械制动即可产生足够的制动力矩使汽车减速。后期随着整车重量的增加，仅靠人力和机械结构产生的制动力矩无法满足制动的需求，因此产生了液压制动，并配合采用真空助力器进行辅助制动。

由于结构和工作原理的限制，仅靠基础机械制动系统的制动性能已经无法满足日益增长的行车安全需求。随着电子技术的不断进步，汽车制动系统的供能装置、控制装置、传动装置和制动器等主要组成部分均已不同程度地应用了电子技术。汽车制动系统电子化不仅提升了制动性能，而且改善了行车安全。

目前，乘用车制动系统一般采用真空助力器，利用发动机产生的真空源进行辅助制动。随着新能源汽车的进一步普及，纯电动汽车由于缺乏真空源，不得不额外配置真空泵。且为了满足汽车智能驾驶对制动系统调节精度高、响应时间短、使用寿命长等方面的需求，国内外均开始布局研发线控制动系统，国内包括清华大学、吉林大学、同济大学、重庆大学等在内的高校都已经有所突破。线控制动以电线代替了液压管路和真空助力器等，符合新能源汽车以及智能网联汽车的需求，被认为是汽车制动技术的必然且长期的发展趋势。

任务导入

一辆丰田凯美瑞轿车，据客户反映，该车在行驶过程中制动时，车辆向右侧跑偏严重，要求检修。

假设你是一名维修技师，请根据车主的描述，分析引起该车辆跑偏的主要原因，并提出合理的维修建议。

相关知识

一、汽车制动性评价的目的

汽车制动主要分为两方面，即行车制动和驻车制动；行车制动是强制正在行驶的车辆减速直至停车；驻车制动是使静止的汽车保持不动。制动性直接关系到交通安全，重大交通事故往往与制动失效有关，故确保汽车制动性能良好，是汽车安全行驶的重要保障。

二、对汽车制动系的基本要求

为保证行车和驻车安全，对制动系统有以下基本要求。

（1）车辆设置的制动系统装置应能提供足够的制动力，使车辆减速、停车和驻车，且行车和驻车装置应独立，互不干扰。

（2）制动系统的机构和装置应经久耐用，不会因振动或冲击而损坏。

（3）制动操作要轻便、方便，不应引起驾驶员疲劳。

（4）车辆行驶中不应有自行制动的现象。不需要制动时，松开踏板，制动应迅速释放，不得出现拖滞或阻滞现象，避免造成行车阻力。

（5）应具有制动方向稳定性，即在紧急制动时，车辆能够保持稳定的方向，避免出现跑偏、侧滑等现象。

（6）应具有制动效能恒定性，即制动各摩擦副之间的摩擦系数不受温度和湿度的影响。

三、制动性能的客观评价

汽车的制动性主要由下面三方面来评价。

（1）制动效能，即制动距离、制动减速度、制动力和制动时间。

（2）制动效能的恒定性，即抗热衰退性能与抗水衰退性能。

（3）制动时汽车的方向稳定性，即汽车不发生跑偏、侧滑以及失去转向能力的性能。

1. 制动效能

1）制动减速度

对某一具体的汽车而言，制动减速度与地面制动力是等效的。制动减速度与地面制动力及车辆总质量有关。图 3-1 所示为汽车制动过程中，制动减速度随时间变化的曲线。

项目三 汽车制动性检测

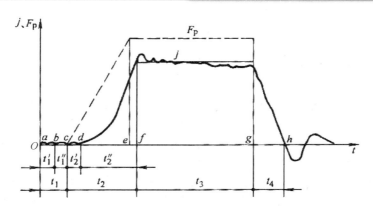

图 3-1 制动减速度随时间变化的曲线

F_p—制动踏板力；j—制动减速度；t—时间；t_1—驾驶人反应时间；
t_2—制动减速度(或制动力)上升时间；t_3—持续制动时间；t_4—制动解除时间；

车辆检测时用平均减速度或最大减速度作为制动效能的评价指标。《机动车运行安全技术条件》(GB 7258—2017)中，用充分发出的平均减速度(MFDD，mean fully developed deceleration)检验行车制动性能。如图 3-2 所示，在制动试验中用速度计测得试验速度和行驶距离，由于对制动起决定作用的是制动过程的中间一段，因此 MFDD 表示的是车速从 $0.8v_0$ 减速到 $0.1v_0$ 时间段内的平均减速度。

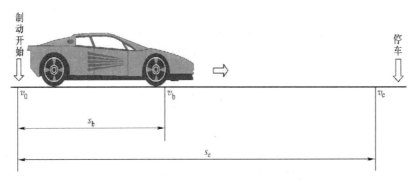

图 3-2 MFDD 示意图

MFDD 的计算公式如式 3-1 所示：

$$\text{MFDD} = \frac{v_b^2 - v_e^2}{25.92(S_e - S_b)} \tag{3-1}$$

式中：MFDD——充分发出的平均线速度，单位：m/s²；
　　　v_0——试验车辆制动初速度，单位：km/h；
　　　v_b——$0.8v_0$ 试验车速，单位：km/h；
　　　v_e——$0.1v_0$ 试验车速，单位：km/h；
　　　S_b——速度从 v_0 变化到 v_b 车辆行驶的距离，单位：m；
　　　S_e——速度从 v_0 变化到 v_e 车辆行驶的距离，单位：m。

当制动过程较为均匀平稳时，充分发出的平均减速度也可以用公式 3-2 去计算：

$$MFDD = \frac{v_b - v_e}{3.6 t_{be}} \tag{3-2}$$

式中：t_{be}——汽车的速度从 v_b 降低到 v_e 所需的时间。

2) 制动时间

制动过程所经历的时间即制动时间，很少作为单纯的评价指标，但是分析制动过程和评价制动效能又是不可缺少的参数。比如对于同一型号的两辆汽车产生同样的制动力所经历的时间不同，则两辆汽车的制动距离就可能相差很大，对行驶安全将产生不同效果。因此通常把制动时间作为一个辅助的评价指标。

制动过程各阶段的时间分布如图 3-1 所示。图 3-1 中所示时间 t_1 为驾驶员反应时间，从接受需要制动的信号到脚踩到制动踏板为止，一般需 0.7～1.0s。该期间车辆按原车速继续行驶。t_2 为制动器作用时间(又称制动协调时间)，该期间制动减速度逐渐增大，直至达到最大制动减速度，一般为 0.2～0.7s，主要取决于驾驶员踩制动踏板的速度及制动系的形式和结构。t_3 为持续制动时间，该期间制动减速度基本不变。t_4 为制动释放时间，一般在 0.2～1.0s 之间。

3) 制动距离

制动距离与行车安全有直接关系，而且最直观。驾驶员可按预计停车地点来控制制动强度，故政府职能部门通常按制动距离来制定安全法规。

根据 GB 7258—2017 的规定，制动距离是指在指定的道路条件下，机动车驾驶员在规定的初速度下急踩制动踏板时，从脚接触制动踏板(或手触动制动手柄)时起至车辆停止车辆驶过的距离。制动距离与制动过程的地面制动力以及制动传动机构与制动器工作滞后时间有关，而地面制动力与检验时在制动踏板上的踏板力或制动系的压力(液压或气压)以及路面的附着条件有关。因此，测试制动距离时必须对制动踏板力或制动系的压力以及轮胎与地面的附着条件作出相应的规定。用公式 3-3 进行计算：

$$s = \frac{1}{3.6}\left(t_2' + \frac{t_2'}{2}\right)v_0 + \frac{v_0^2}{25.92 MFDD} \tag{3-3}$$

式中：s——制动距离，单位：m；

v_0——制动初速度，单位：km/h；

MFDD——充分发出的平均减速度，单位：m/s^2。

从公式 3-3 可以看出，制动初速度越大，则制动距离越长。但是制动距离是一个反映整车制动性能的指标，并不能反映具体某个车轮的制动状况，当制动距离较长时，也反映不出具体的故障。

GB 7258—2017 规定了不同类型机动车的制动初速度、制动距离和充分发出的平均减速度的范围，如表 3-1 所示。

表 3-1 制动距离和制动减速度要求

机动车类型	制动初速度/(km/h)	制动距离/m		充分发出的平均减速度/(m/s^2)	
		空载检验	满载检验	空载检验	满载检验
乘用车	50	≤19	≤20	≥6.2	≥5.9
总质量小于等于 3 500kg 的低速货车	30	≤8	≤9	≥5.6	≥5.2
其他总质量小于等于 3 500kg 的货车	50	≤21	≤22	≥5.8	≥5.4

对于整车制造厂,制动距离是指在良好的路面条件下,汽车以 100km/h 的初速度制动到停车的最短距离。表 3-2 为几种常见车型由 100km/h 的初速度制动至停车的制动距离。

表 3-2　100km/h 的初速度制动至停车的制动距离

车型	捷达	别克 GL8	桑塔纳 2000	帕萨特	奥迪 A6	宝来	宝马 745i
制动距离/m	48.8	45.8	45	43.9	42.3	40	37.1

4) 制动力

汽车在制动中,人为地使汽车受到一个与其行驶方向相反的外力,在外力作用下迅速地减速直至停车,这个外力称为汽车的制动力。根据汽车不同的行驶工况,每个车轮上的制动力不相等,因此制动力是从本质上评价制动性能的一个重要指标。

利用制动力评价制动性能,可以准确地获得每个车轮制动力的大小,因而可以检查前后轴制动力的分配情况、制动力左右是否平衡等。

2. 制动效能的稳定性

制动效能的稳定性指的是车辆抗制动效能下降的能力,主要包括抗热衰退和水衰退的能力。

车辆持续制动时制动效能的保持程度,称为抗热衰退性能。尤其在长下坡连续高强度制动时,制动器摩擦材料因摩擦生热,高温可能引起摩擦系数减小、制动力下降,甚至引起摩擦材料粘黏、脱落等而导致制动性能下降,这种现象称为制动效能的热衰退。

制动器摩擦表面浸水后,表面摩擦系数下降,并使制动效能降低,称为制动效能水衰退。车辆制动时产生的热量可使摩擦片干燥,经过若干次制动,制动器可逐渐恢复浸水前的性能,称为水恢复。

3. 制动时方向的稳定性

制动时方向的稳定性是指车辆在制动时仍能维持直线行驶或按预定弯道行驶的能力,要求制动时车辆不应出现跑偏、侧滑等现象,任何部位不得超出给定宽度的试验车道。如图 3-3 所示,跑偏和侧滑现象都是紧急制动时容易出现的故障,两者都与制动时的受力情况有关。

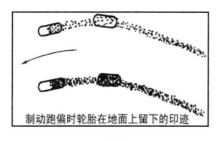
(a) 跑偏

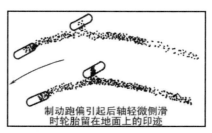
(b) 侧滑

图 3-3　跑偏与侧滑

1) 制动跑偏

制动时原期望车辆按直线方向减速停车,但有时车辆却自动向左或向右偏驶,这种现象就称为制动跑偏。当车辆在行驶过程中,制动器对于行驶安全有着极其重要的作用,它的状态好坏，直接影响到行车安全，如果车辆在制动时，同轴上左右两侧制动力大小不一致或者是制动长度长短不一，特别是前轴左右轮制动力不相等，必然会产生制动跑偏。

一种是制动力大小的不一致，一般表现在紧急制动时，一侧车轮抱死，另一侧的车轮未抱死，从刹车痕迹来看，一侧刹车痕迹很深，而另一侧的刹车痕迹很淡，甚至可能没有。另一种则是在制动过程中，制动过程增长的快慢不一致，这种现象一般表现在点刹车或者是半制动的情况，一侧车轮减速快，而另一侧车轮减速很慢，汽车在减速过程中，明显偏向车轮减速快的一侧。这两种情况都是一侧存在制动力，而另外一侧制动力明显不一致，或者没有制动力，这都会直接影响车辆的行驶安全。转向系统的好坏、车辆的左右载荷分布不均也会使车辆发生制动跑偏的现象。

2） 制动侧滑

侧滑是在制动时车辆产生横向滑移的现象。正常情况下，车轮与地面是有一定的横向附着力的，但当车轮制动抱死时，横向附着力几乎丧失，即该轮抵抗横向干扰的能力为零，因而即使在很小的横向力作用下，都会引起沿横向力方向的滑动，从而发生制动侧滑现象。

在紧急制动时，常出现前轴或后轴的侧滑，理论和实践均证明，前轴侧滑(前轮先抱死而后轮未抱死)，前轮首先失去横向附着力，而后轮存在较大制动阻力，如图 3-4(a)所示。此时若前轮受到较小的干扰力 f，则很容易产生横向滑移，整车会以后轴 S 处为中心发生偏转。但因汽车重心在 S 点前方，惯性力 F_i 具有自动回正作用，所以整车尚处于稳定状态，能够保持直线行驶，但在弯道上很容易失去方向控制能力。

若后轴侧滑(后轮先抱死而前轮未抱死)，则后轮先失去横向附着力，但前轮存在较大的制动阻力，如图 3-4(b)所示。此时后轮如果受到横向干扰力，前轴 S 处就成了偏转中心，而惯性力 F_i 作用在 S 点的后方，导致车辆迅速失去稳定性，极易出现甩尾或打转现象。所以后轴侧滑是一种不稳定状态，是非常危险的。为保证汽车方向稳定性，不能出现只有后轴车轮抱死或后轴车轮比前轴车轮先抱死的情况，以防出现危险的后轴侧滑；尽量少出现只有前轴车轮抱死或前后轴车轮都抱死的情况，以维持汽车的转向能力。最理想的情况是任何车轮都不抱死，每个车轮均处于正常的滚动状态，以确保行车安全。

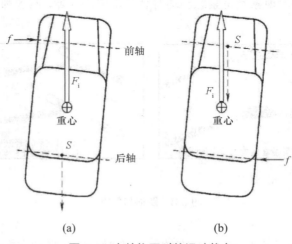

图 3-4 车轮抱死时的运动状态

四、制动性的主观评价

1. 主观评价的重要性

制动性能直接关系到车辆与人员的安全,除采用包括制动效能、制动效能恒定性和制动时汽车方向稳定性在内的基本评价项目进行客观评价外,还需要通过专业的测试人员进行主观评价。主观评价也是汽车开发过程中必不可少的一个重要环节,与客观测试相比,主观评价主要通过触、看、听、操作等方面来感知车辆的整体状况,不过多依赖仪器设备,可以迅速发现问题所在。根据客户对制动性的期望制定如表 3-3 所示的主观评价表。

表 3-3 制动性客户期望表

制动性	客户期望
制动效能	制动距离短
踏板感	踏板力、踏板空行程、踏板行程合适
热稳定性	连续制动后制动距离短
直线制动稳定性	制动无跑偏
弯道制动稳定性	弯道制动易操控
制动点头	点头不明显
制动抖动	无抖动
制动噪声	无噪声

2. 主观评价内容

1) 制动效能

评价不同制动条件下的制动效能,最直观的评价指标是制动距离和制动减速度。

评价方法:在不同车速、不同载荷下,以最大踏板力实施制动;无 ABS 系统的车辆在不抱死的情况下全力制动。

评价指标:制动距离尽可能短、制动稳定性尽可能好;若车辆未配置 ABS 系统,要求在任何路面情况下都是前轮先抱死。

2) 踏板感

评价不同减速度、不同踏板速率情况下,踏板力、踏板行程与减速度三者之间的关系。

评价方法:在不同路面条件下,以不同速率踩下制动踏板。

评价指标:踏板力、踏板行程与减速度三者对应的关系,应保证驾驶员施加合适的踏板力获得所期望的减速度。

3) 热稳定性

用于评价车辆在连续制动后,制动效能及踏板感觉的变化。

评价方法:在附着条件良好的路面上以不同车速全力制动,直至停止,重复全油门加速、全力制动操作多次。在连续下坡弯道,直线段全油门加速到特定车速,在入弯前实施全力制动,使车速降低到可以安全通过弯道,通过弯道后继续全油门加速,入弯前全力制动,如此反复操作。

评价指标:制动效能、踏板感觉没有发生明显变化;制动盘表面无明焰出现。

4) 直线制动稳定性

用于评价车辆在直线制动后的车辆跑偏量或保证行驶方向的方向盘修正量。

评价方法：在各种附着系数有所变化的水平路面上，加速到特定车速，以不同的减速度进行直线制动。

评价指标：跑偏量或修正量尽可能小，跑偏时不能偏离行驶车道。

5) 弯道制动稳定性

用于评价车辆在弯道行驶过程中，车辆的横摆响应或对跑偏的修正量。

评价方法：在合适的车速下，以中、高等强度的减速度进行制动，评估车辆的横摆响应。

评价指标：在中等制动强度下，汽车是否表现出一定的过度转向趋势；在高等制动强度下，是否表现出转向不足的趋势。

6) 制动点头

用于评价车辆在制动时出现的车身俯仰角及时间历程，主要是舒适性表现。

评价方法：在不同初始车速下，以不同的减速度进行制动。

评价指标：俯仰角度和角速度尽可能小，制动过程中的舒适感是否良好。

7) 制动抖动

用于评价车辆在制动过程中出现的方向盘、车身、踏板、座椅的振动。

评价方法：在高速(>120km/h)直线制动时，感受不同减速度条件下车辆的抖动情况。

评价指标：不允许出现制动抖动现象。

8) 制动噪声

用于评价车辆在制动过程中，在不同车速范围内发出不同频率的制动噪声。

评价方法：在高速直线或转弯行驶时，以尽可能大的减速度制动，感受制动过程中的噪声大小是否能够被接受。

评价指标：无制动噪声或制动噪声在可接受范围内。

五、影响汽车制动性能的因素

1. 汽车结构

1) 摩擦副材料

盘式制动器的制动盘材料一般为铸铁，摩擦片为金属合成材料，在制动盘的合金成分、金相组织、力学性能、制造工艺都合格的条件下，摩擦片对摩擦性能起着决定性作用。连续高强度制动时，摩擦片温度过高，部分有机物分解会产生一些气体甚至液体，从而在接触面间形成一层薄膜，降低摩擦系数，出现热衰退现象。图3-5所示为温度对摩擦系数的影响。

2) 制动器结构

制动器的构造、材料、摩擦副不同，对于制动器的摩擦力矩和制动效能的热衰退都有很大影响。制动器的技术状况与设计、制造、使用、维修都有密切关系，制动摩擦副接触面积不足或接触不均匀、表面不清洁等，也会降低摩擦力矩。

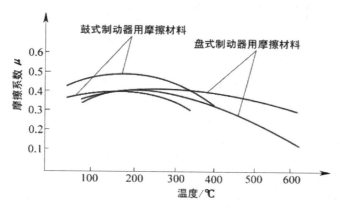

图 3-5 温度对摩擦系数的影响

3) 轮胎

制动性能受轮胎类型和胎面花纹的影响，子午线轮胎因结构合理，使受力改善，因而在目前的轿车上普遍采用。汽车胎面花纹的主要作用是增加胎面与路面间的摩擦力，防止车轮打滑，轮胎花纹提高了胎面接地弹性，在胎面和路面间切向力(如驱动力、制动力和横向作用力)的作用下，花纹块能产生较大的切向弹性变形。切向力增加，切向变形随之增大，接触面的摩擦作用就随之增强，进而抑制了胎面与路面打滑或打滑的趋势，为轮胎与路面间的制动性能发挥可靠的保障。

2. 驾驶工况

1) 制动初速度

制动初速度高时，需要通过制动消耗的运动能量越大，制动距离会延长。制动初速度越高，制动器的温度也越高，摩擦副的性能会随温度的升高而降低，导致制动力衰减，制动距离增长。

2) 道路条件

道路的附着系数限制了最大制动力，当制动初速度相同时，随着附着系数的减小，制动距离随之增加。特别要注意，在冰雪路面上制动方向稳定性变差，车轮抱死发生侧滑的危险程度较高。

六、制动性的检测

根据国家标准 GB 7258—2017 的规定，机动车可以用制动距离、制动减速度和制动力检测制动性能，检测设备有五轮仪、制动减速度仪和制动检测台。

汽车制动性能检测分道路试验法和台架试验法两种。用五轮仪和制动减速度仪检测汽车制动性能时，需在道路试验中进行，称道路试验法。台架试验法使用制动检测台进行检测。与道路试验法相比，台架试验法具有迅速、准确、经济、安全，不受自然条件的限制，以及试验重复性好和能定量地指示出各车轮的制动力等优点，因而在国内外获得了广泛应用。

学习任务评价表

时间：40 min　　　小组＿＿＿＿　　　姓名＿＿＿＿

评价项目	评价标准	配分	自评		互评	
			等级	得分	等级	得分
素养能力	主动学习并完成预习内容	10				
	遵守纪律，遵守学习场所管理规定	10				
	具有良好的表达能力，善于总结	10				
	具有创新思维，完成拓展部分任务	10				
专业知识与能力	掌握了汽车制动性的评价指标	10				
	熟悉关于汽车制动性评价与检测的法规	10				
	能正确分析制动跑偏与制动侧滑的原因	10				
	熟知汽车制动性的影响因素	10				
按时完成	在规定时间内完成学习内容	20				
个人自评与小组互评得分						
教师反馈						
教师评价						

实际完成时间：＿＿＿＿＿　　　考核教师：＿＿＿＿＿

备注：评价等级为掌握、基本掌握、没有掌握。

案例回顾与解析

一辆丰田凯美瑞轿车，据客户反映，该车在行驶过程中制动时，车辆向右侧跑偏严重，要求检修。

假设你是一名维修技师，请根据车主的描述，分析引起该车辆跑偏的主要原因，并提出合理的维修建议。

1. 车辆制动跑偏的原因分析

两侧车轮制动力不均衡、两侧车轮与地面的附着力不同、两侧车轮花纹不同、两侧车轮磨损程度不同、车辆左右两侧载荷不同、转向系统性能偏差、悬架参数偏差等、都会造成车辆制动跑偏。

2. 维修建议

车辆制动跑偏是常见的一种危险的异常现象，造成车辆制动跑偏的原因很多，影响因素也有很多，排除路面因素影响外，应当由简到难地排除故障，以提高工作效率。

(1) 路试确认跑偏方向。

(2) 首先排查制动系统，包括两侧的车轮技术状况是否一致、车轮气压是否合格、制动器摩擦片厚度和间隙是否相同、制动器与悬架零件连接方式是否可靠、制动管路是否泄漏堵塞等。

（3）其次依次排查悬架系统，如车架是否变形、四轮定位是否正确等。

创新与拓展

问题描述	随着智能网联汽车技术的不断发展，汽车对制动系统的要求越来越高，包括控制调节精度、制动响应时间、建压能力、使用寿命、安全性等，制动技术应该如何发展才能满足智能网联汽车的需求呢？
创新创效点	
关键技术和主要技术指标	
实现方法或途径	

任务二　台试制动性能检测

知识目标

1. 能够正确描述反力式滚筒制动试验台的结构与工作原理。
2. 能够正确描述平板式制动试验台的结构与工作原理。
3. 掌握车辆台试制动性能的检测流程。

技能目标

1. 能够正确使用反力式滚筒制动试验台检测汽车的制动性能。
2. 能够正确使用平板式制动试验台检测汽车的制动性能。
3. 能够对检测结果进行正确分析，对车辆的制动性能作出准确评价。
4. 能够根据评价结果提出维修建议。

素质目标

1. 培养良好的安全与卫生习惯。
2. 培养团队协作能力。

整备质量(大车)

制动性检测

制动性检测(大车)

思政导学

特斯拉的至暗时刻

2021年4月上海车展期间，特斯拉车主登上车顶维权，称其特斯拉刹车失灵导致严重事故，这位车主付出了被拘留五日的代价。经过近两个月的持续发酵，让很多马路上的行人对特斯拉心生忌惮，特斯拉的终端销量也应声而降。

2021年4月份，特斯拉在华订单多达18000辆，5月份跌至9800辆，环比下滑接近一半。6月3日又出现因制动卡钳螺栓紧固问题，在中国召回423辆Model 3，特斯拉在中国正经历至暗时刻，4月份的刹车失灵事件或成为其在华销售的分水岭。

从本案例中可以看到，车辆的制动性能出现故障，便会对行车安全构成威胁，影响品牌效应，产生严重后果。为了减少制动系统故障，除合理的设计外，还应要求驾驶员在用车时严格执行操作规程，按时保养，对车辆的制动性能有足够的敏感度，以确保人车安全。

任务导入

一辆2017年10月购置的轿车，已行驶4年(超过6万千米)，客户反映该车未曾对制动系统进行过保养和检修，由于长时间使用，该车制动性能差，经常出现制动距离长、减速较慢等现象。

请学习完本任务后，依据《机动车运行安全技术条件》(GB 7258—2017)的规定，尝试用制动试验台检测该车的制动力和制动性能，并对检测结果进行分析。

相关知识

一、台试制动性检测设备

1. 轴重检测台

利用制动检测台检测汽车制动性能时，其参数标准是以轴制动力占轴荷的百分比为依据的，因此必须先测得轴荷和轴制动力后才能评价轴制动性能是否符合国标要求。用于检测车轴轴载质量的设备称为轴重检测台，轴重检测台又称轴重仪，如图3-6所示。

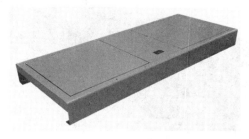

图3-6 轴重仪

2. 反力式滚筒制动试验台

制动试验台可以检测制动系统的制动力、制动距离和制动减速度。试验台按检测原理不同，可分为反力式和惯性式两种；按试验台支承车轮形式不同，可分为滚筒式和平板式；按试验台同时能测车轴数的不同，可分为单轴式、双轴式和多轴式。反力式滚筒试验台和惯性式平板试验台是国内使用较为广泛的制动试验台。

反力式滚筒试验台是通过测定作用在测力滚筒上的车轮制动力的反力，检测车辆制动性能的检验装置。这是一种低速静态测力式试验台，用于检测各车轮的制动力，尤其是单轴反力式滚筒试验台应用最普遍，其测试条件固定、重复性好、结构简单、操作安全性好。

1) 反力式滚筒制动试验台结构

试验台由机械装置和智能仪表两大部分组成，其外形如图3-7所示，主要包括框架、驱动装置、滚筒装置、测量装置、举升装置、指示与控制装置、第三滚筒装置等。其结构简图如图3-8所示。

(1) 驱动装置：由电机、减速箱和传动链条组成，减速箱内的蜗轮蜗杆和一对圆柱齿轮将电机的转动进行减速并传递给主动滚筒，主动滚筒又通过链传动把动力传递给从动滚筒。电机同时也作为接收制动反作用力并将其传递给传感器的重要装置。

(2) 滚筒装置：由四个滚筒组成，每对滚筒独立设置，分别设主动滚筒和从动滚筒。测试时，被测车轮置于主动滚筒、从动滚筒之间，滚筒旋转时相当于路面，车轮制动时可承受和传递制动力。主动滚筒由驱动装置驱动，并通过链传动带动从动滚筒旋转，由此带动滚筒上的车轮旋转。为使滚筒与轮胎的附着系数能与路面接近，滚筒表面间隔均匀的沟槽，但带有这种沟槽的滚筒在车轮抱死时有剥伤轮胎和附着系数不足的缺点，因此国产反力式滚筒试验台中，广泛地在滚筒表面覆盖一定厚度的黏砂、烤砂或其他材料以代替沟槽。

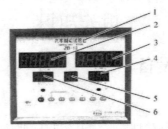

图 3-7 反力式滚筒制动实验台

1—智能仪表面板；2—左制动力显示；3—右制动力显示；4—右制动力协调时间显示；
5—制动力平衡显示；6—左制动力协调时间显示；7—滚筒；8—第三滚筒；9—传动链；
10—传感器；11—减速器；12—电动机；13—机架

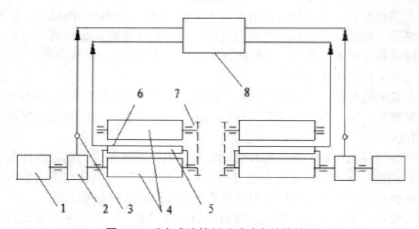

图 3-8 反力式滚筒制动试验台结构简图

1—电动机；2—减速器；3—压力传感器；4—滚筒装置；5—第三滚筒；
6—转速传感器；7—链传动；8—测量指示装置

(3) 测量装置：试验台的原理是通过测量电动机所受的反作用力来计算出滚筒所受的制动力，测量装置主要由测力杠杆和传感器组成。测力杠杆一端与传感器相连，另一端与减速器相连，被测车轮制动时，测力杠杆与减速器壳体将一起绕主动滚筒轴线摆动。传感器将测力杠杆传来的、与制动力成比例的力转变成电信号，输入指示与控制装置，如图3-9所示。

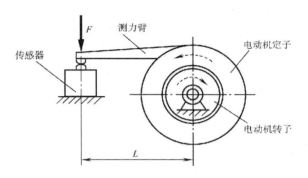

图3-9　制动力测试原理图

(4) 举升装置：为了便于汽车出入试验台，在两滚筒之间设置举升装置。举升装置由举升器、举升平板和控制开关组成。常见的举升器有气压式、液压式和电动机械式三种。

(5) 指示与控制装置：控制装置有电子式和微机式，分别配以指针式指示装置和数字式指示装置。

(6) 第三滚筒装置：采用粗齿槽滚筒时，由于滚筒直径较小，前后滚筒的间距相对较大，车轮出入台架困难，因此在前后滚筒间设置了举升装置。由于黏砂式滚筒的滚筒直径较大，滚筒间距小且后滚筒比前滚筒高，车轮出入制动检测台较容易，所以大多取消了举升装置，而装有第三滚筒装置，用于控制驱动电机，如图3-10所示。

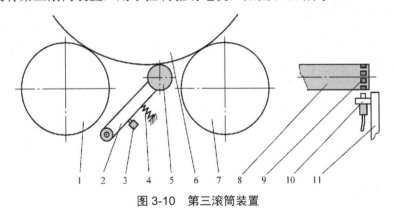

图3-10　第三滚筒装置

1、7—滚筒；2—浮动臂；3—行程开关；4—弹簧；5、8—第三滚筒；
6—车轮；9—脉冲信号孔；10—转速传感器；11—固定件

第三滚筒装置安装在弹簧支撑的浮动臂上，它由第三滚筒、转速传感器、车轮到位行程开关、弹簧等组成。转速传感器安装在第三滚筒的轴端，有磁电式、光电式等类型。当车轮开上试验台时，第三滚筒被压下，靠弹簧的弹力紧压住车轮，同时行程开关被接通，在延时继电器的作用下，5s后，左、右驱动装置相继被启动(相隔3s)。滚筒带动车轮旋转，车轮通过摩擦作用又带动第三滚筒旋转，使第三滚筒和转动的车轮作同步旋转，测出第三滚筒的转速，然后比较主动滚筒、第三滚筒与被测车轮的转速差，可间接获知制动过程中各个瞬时车轮与滚筒间的滑移率。在制动过程中，当滑移率达到一定值时，计算机发出指令，控制电动机停转。

第三滚筒装置主要有以下三个作用。

(1) 防止轮胎剥伤。在车轮制动后，若车轮制动抱死时，即车轮与主动滚筒、第三滚筒间产生打滑，滑移率为30%时，其上的转速传感器送出的电信号，可使滚筒立即自动停止转动，防止轮胎剥伤，保护滚筒和驱动装置，延长使用寿命。

(2) 具有汽车到位和起动电动机的开关作用。汽车进入试验台时，将第三滚筒压下，行程开关闭合，表示汽车到位，起动电动机，进入制动力测试状态。当车轮没压下第三滚筒(或驶离)时，电动机不能起动(或自动停机)。

(3) 用于测量车轮阻滞力。测试过程开始时，电动机带动车轮转动，在踩下制动踏板之前，传感器所测到的制动力即是制动系统的阻滞力。

2) 反力式滚筒制动试验台优缺点

反力式滚筒制动试验台具有测试条件稳定、试验车速低、所需电动机功率小、结构简单、占地少和能适应多车型检测等优点。不少反力式滚筒制动试验台除了能测得各车轮的制动力外，还可测得制动系协调时间、制动全过程时间和制动完全释放时间。配备打印机、笔录仪或示波器的制动试验台，还可以描绘出制动力随制动时间变化的全过程曲线，为分析、判断制动系技术状况提供了一种既直观又全面的依据。

但是反力式滚筒制动试验台也存在以下局限性。

(1) 在行车制动性能检测中，仅能测得汽车静止时各车轮的制动力，缺少制动时整车重量前移，与实际情况有较大差异。

(2) 滚筒的直径偏小，与轮胎接触面积偏小，与路试情况差异较大。

(3) 主、从动滚筒之间的距离多为不可调式，当不同直径车轮的汽车检测制动力时，较大车轮和较小车轮在滚筒上的附着情况有很大不同，因此检测结果受到严重影响。

(4) 被测车轮在制动时易抱死在滚筒上产生打滑，不能及时、充分地测出制动力。

(5) 制动性能一次性合格率偏低，60%以上的车辆制动性能不合格，制动力平衡不合格率更高。

(6) 对具有防抱死(ABS)系统的汽车的制动性还无法进行准确测试。(检测台的测试车速较低，一般不超过5km/h，而防抱死制动系统均在车速105～120km/h以上起作用，所以在上述检测台上检测车轮制动力时，车辆的防抱死系统不起作用，仅相当于对普通的液压制动系统的检测过程。

3. 惯性式平板制动试验台

平板式制动试验台是一种新型的集制动、轴重、悬架效率、侧滑多种测试功能于一体的汽车检测系统，车辆在平板式检验台上的检测过程是在运动中完成的，完全模拟道路测试，车辆的受力状况与在道路上行驶时完全一致，因此其检测结果更能正确地反映车辆在道路上行驶时的真实状况。由于基于动态原理进行检测，充分考虑了后轴载荷转移到前轴对制动性能的影响，因而具有如实反映汽车制动性能的独特优势，该试验台还具有车轮表面附着性能接触面的干湿程度对测试结果影响小，制动检测过程中四块板可以同步显示、清楚明确便于对过程分析等特点。

1) 平板式试验台的结构

平板式试验台一般由测试平板、测量显示系统和踏板力计组成，如图3-11所示。平板共六块，其中四块为制动(轴重)测试板，一块为侧滑测试板，还有一块为空板，不起任何测试作用。每块制动(轴重)测试板经过两类力传感器与地面固接、安装在一起,一类是测量车在行驶方向上轮胎作用于平板的水平力的传感器,另一类为测量轮胎作用于平板垂直力的传感器;侧滑板下设置一位移传感器,测量汽车前轮侧滑量。

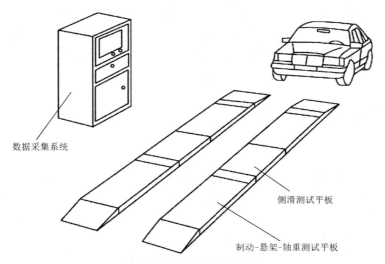

图 3-11 平板式制动检验台

进行检测时,被测汽车以 5～10km/h 的速度驶上检验台。前轮通过第一块制动(轴重)板经过侧滑板时即可测到前轮侧滑量,然后继续驶向第二块制动(轴重)板,当四个车轮分别落在四块平板上时,驾驶员立即用力踩下制动踏板,使车辆在制动-悬架-轴重测试平板上制动并停住。显然,汽车因惯性作用有继续前进的趋势,于是平板将受到来自车轮的向前的作用力,这个作用力就是所测制动力。拉力传感器可以感受到此拉力信号,同时承重传感器能够感受到制动过程中各轮的动、静态载荷,如图 3-12 所示。

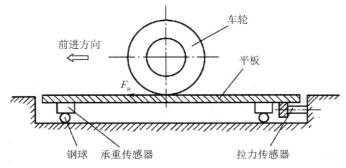

图 3-12 平板式制动检验台原理

测试过程中,各传感器信号送入计算机经处理后,不仅能显示出制动力、轴重、侧滑量的大小,还能显示出前、后、左、右各车轮动态轴荷的变化以及制动力随时间变化的曲线。

2) 平板式制动试验台的优缺点

采用平板式制动试验台,检测过程更接近实际道路试验,能够更真实且准确地反映车辆在制动过程中制动力与轴重的变化、侧滑等情况。能够测出比静止轴荷大得多的前轴制动力。试验台结构简单、运动件少、检测效率高,并具有安装方便、占地面积小、能耗少、操作维护方便等优点，被维修和检测部门广泛采用。

但采用平板式制动试验台检测时，由于车轮与平板间不发生相对运动，所以不能准确地检测出车辆的阻滞力，且数据重复性差，因为制动平板尺寸较短，车辆在制动检测时，制动力几乎刚达到最大值就开始下降，没有持续的制动阶段，车轮几乎不动，所以在重复检测时，车轮与平板接触的部位不同会使检测到的制动力不同，而且在平板制动试验台上检测制动性能的好坏与检测员踩制动踏板的速度快慢、力度大小也有关系，所以制动力检测的重复性差。

二、台试制动性合格性判定

1. 行车制动

《机动车运行安全技术条件》GB 7258—2017 规定，台试空载检验行车制动性能时，汽车、汽车列车在制动检验台上测出的制动力应符合表 3-4 的要求。对空载检验制动力有质疑时，可用表 3-4 规定的满载检验制动力要求进行检验。使用转鼓试验台检测时，可通过测得制动减速度值计算得到最大制动力。

表 3-4 台试检验制动力要求

机动车类型	制动力总和与整车重量的百分比		轴制动力与轴荷[a]的百分比	
	空载	满载	前轴[b]	后轴[b]
三轮汽车	—	—	—	≥60[c]
乘用车、其他总质量小于或等于 3 500 kg 的汽车	≥60	≥50	≥60[c]	≥20[c]
铰接客车、铰接式无轨电车、汽车列车	≥55	≥45	—	—
其他汽车	≥60[d]	≥50	≥60[c]	≥50[e]
挂车	—	—	—	≥55[f]
普通摩托车	—	—	≥60	≥55
轻便摩托车	—	—	≥60	≥50

a. 用平板制动检验台检验乘用车、其他总质量小于或等于 3 500 kg 的汽车时应按左右轮制动力最大时刻所分别对应的左右轮动态轮荷之和计算。

b. 机动车（单车）纵向中心线中心位置以前的轴为前轴，其他轴为后轴；挂车的所有车轴均按后轴计算；用平板制动试验台测试并装轴制动力时，并装轴可视为一轴。

c. 空载和满载状态下测试均应满足此要求。

d. 对总质量小于或等于整备质量的 1.2 倍的专项作业车应大于或等于 50%。

e. 满载测试时后轴制动力百分比不做要求；空载用平板制动检验台检验时应大于或等于 35%；总质量大于 3 500 kg 的客车，空载用反力滚筒式制动试验台测试时应大于或等于 40%，用平板制动检验台检验时应大于或等于 30%。

f. 满载状态下测试时应大于或等于 45%。

轴制动不平衡率(两轮、边三轮摩托车，前轮距小于或等于460mm的正三轮摩托车和轻便摩托车除外)是在制动力增长全过程中同时测得的左右轮制动力差的最大值，与全过程中测得的该轴左右轮最大制动力中大者之比(当后轴制动力小于该轴轴荷的60%时为与该轴轴荷之比)，限值见表3-5。

表3-5 台试检验制动力平衡要求

类型	前轴	后轴	
		轴制动力大于或等于该轴荷60%时	轴制动力小于该轴轴荷60%时
新注册车	≤20%	≤24%	≤8%
在用车	≤24%	≤30%	≤10%

进行挂车行车制动性能空载检验时，应将牵引车与总质量大于750kg的挂车(全挂车、半挂车)组成汽车列车后进行检验。判定挂车空载行车制动检验是否合格，应同时满足以下条件。

(1) 与牵引车组合成的汽车列车检验结果应符合表3-4的要求，即整车制动率应大于或等于55%。

(2) 挂车的各轴制动率应大于或等于55%。

(3) 挂车的轴制动不平衡率符合表3-5的要求。

2. 驻车制动

当采用制动检验台检验汽车和正三轮摩托车驻车制动装置的制动力时，机动车空载，使用驻车制动装置，驻车制动力的总和应大于或等于该车在测试状态下整车重量的20%，但总质量为整备质量1.2倍以下的机动车应大于或等于15%。

任务实施

按照以下任务的技术要求，对车辆制动性进行检验，将结果填入表3-6中，并判定该车辆制动性是否合格。

表3-6 制动性检验报告单

1. 基本信息					
号牌号码		车辆型号		基准质量(kg)	
车辆识别代号(VIN)		最大设计总质量(kg)		发动机型号	
发动机号码		发动机排量(L)		额定转速(rpm)	
发动机额定功率/kW		DPF		DPF型号	
SCR		SCR型号		气缸数	
驱动电机型号		储能装置型号		电池容量	
车辆生产企业		车辆出厂日期		累计行驶里程(km)	
车主姓名(单位)		联系电话		车牌颜色	
燃料型类		燃油型式		驱动方式	
品牌/型号		变速器型式		使用性质	
初次登记日期		检测方法		OBD	有/无
环境参数					
环境温度(℃)		大气压(kPa)		相对湿度(%)	
检测设备信息					

续表

检测试验台名称		检测试验台类型		试验台检定日期	
制动试验台生产企业		制动试验台型号			

2. 外观检验

检查项目	是	否	备注
车辆机械状况是否良好			
制动系统零件是否齐全，正常			
制动盘是否存在过度磨损、划伤等现象			
有无可能影响安全或引起测试偏差的机械故障			
制动块(或制动蹄片)厚度是否合格			
制动操纵装置是否正常			
制动系统是否有空气进入			
车辆的发动机、变速箱和冷却系统等有无明显的液体渗漏			
轮胎气压是否正常			
轮胎是否干燥、清洁			
是否关闭了车上空调、暖风等附属设备			
是否适合采用制动试验台检测			
外观检验结果	□合格　　□不合格	检验员：	

3. 制动试验台主要参数

指示方式	数字显示□　　指针显示□
测试精度 %	
允许最大轴载质量 t	
可测最大制动力 N	
滚筒直径 mm	
滚筒表面	开槽□　　粘砂□
电动机功率 kW	
举升器形式	气压式□　液压式□　电动机械式□
举升器气压 MPa	
外形尺寸(长×宽×高) mm	

4. 制动性能检测

检测项目	静态轮荷 kg		最大行车制动力 10N		过程差最大差值点 10N		空载制动				评价
							行车制动率 %	不平衡率 %	驻车制动力 10N	驻车制动率 %	
	左	右	左	右	左	右					
一轴											
二轴											
整车											
驻车											

动态轮荷(左右) kg	一轴	二轴

制动力情况

制动力总和与整车重量的百分比		轴制动力与轴荷的百分比	
空载	满载	前轴	后轴

制动力平衡情况	新注册车□　　在用车□	
前轴	后轴	
	制动力≥该轴轴荷 60%时	制动力<该轴轴荷 60%时

检验结果	□合格　　□不合格	检验员：

一、准备工作

1. 检测台准备

1) 反力式滚筒试验台准备

(1) 将反力式滚筒试验台(以下简称试验台)指示与控制装置上的电源开关打开,按使用说明书的要求预热至规定的时间。

(2) 如果指示装置为指针式仪表,则检查指针是否在机械零点处,否则应进行调整。

(3) 检查制动试验台滚筒上是否粘有泥、水、砂、石等杂物。

(4) 核实汽车各轴轴荷,不得超过制动试验台的允许载荷。

(5) 检查制动试验台举升器是否在升起位置,否则应升起举升器。

2) 平板式制动试验台准备

(1) 将试验台指示与控制装置的电源开关打开,按照使用说明书的要求预热至规定时间。

(2) 检查制动检测台平板上是否粘有泥、水、砂、石等杂物。

(3) 核实汽车各轴轴荷,不得超过制动试验台的允许载荷。

2. 车辆准备

(1) 检查汽车轮胎是否粘有泥、水、砂、石等杂物。如有,应予以清除。

(2) 检查汽车轮胎气压是否符合汽车制造厂的规定。

(3) 如需测制动踏板力,应将踏板测力计固定在制动踏板上(或套装在驾驶员右脚上)。

二、反力式滚筒试验台的检验

1. 对于外置轴重仪试验台,先使汽车前行至前轮停置于轴重仪检测台平板上,检测前轴轴重。

□完成

□未完成,原因:

技术要求:停放时间不低于 3 秒。

如图 3-13 所示。

图 3-13　检测前轴静态载荷

2. 汽车前行至后轮位于轴重仪检测台平板上,检测后轴轴重。

□完成

□未完成,原因:

技术要求:若是多轴车辆,还需检测其他轴的轴重。

如图 3-14 所示。

图 3-14　检测后轴静态载荷

3. 使被测车辆顺着垂直于滚筒的方向驶入制动试验台。先前轴，再后轴，使车轮处于两滚筒之间。

□ 完成
□ 未完成，原因：
技术要求：保持车辆正直方向，不能歪斜。
如图 3-15 所示。

图 3-15　被测试轴停放于滚筒上

4. 车辆停稳后，变速器置于空挡，行车制动器和驻车制动器处于放松状态，能检测制动时间的试验台还应把脚踏开关套在制动踏板上。

□ 完成
□ 未完成，原因：
技术要求：手动变速器置于空挡，自动变速器、无级变速器等置于 N 挡。
如图 3-16 所示。

图 3-16　变速器置于空挡

5. 降下举升器，到举升器平板与轮胎完全脱离为止。

□ 完成
□ 未完成，原因：
技术要求：举升器与车轮不接触。
如图 3-17 所示。

图 3-17　降下举升器

6. 启动电机，使滚筒带动车轮转动，测出制动拖滞力。

□ 完成
□ 未完成，原因：
技术要求：稳定 3 秒后，检验员按屏幕提示启动电机。
如图 3-18 所示。

图 3-18　测制动拖滞力

7. 检测员按显示屏提示将制动踏板踩到底或踩至制动性能检测时规定的制动踏板力,测得左、右车轮制动力增长全过程的数值及左、右车轮最大制动力,并依次检测各车轴。

操纵驻车制动操纵装置,可获得驻车制动力数值。

图 3-19　按屏幕提示测制动力

□ 完成
□ 未完成,原因:
技术要求:按屏幕提示的顺序分别实施制动。
如图 3-19 所示。

8. 所有车轴的行车制动性能及驻车制动性能检测完毕后,升起举升器,将车辆开出试验台。

图 3-20　车辆驶离试验台

□ 完成
□ 未完成,原因:
技术要求:(1)驻车制动性能测试完毕后,按屏幕提示驶离车辆,如图 3-20 所示。
(2)切断试验台电源。

三、平板式制动试验台的检验

1. 被测车辆以 5~10km/h 的速度开上测试平板。

图 3-21　车辆开上平板试验台

□ 完成
□ 未完成,原因:
技术要求:手动变速器车辆置于空挡,自动变速器车辆置于 D 挡。
如图 3-21 所示。

2. 当车辆前轮刚进入前平板时，驾驶员及时踩下装有踏板测力计的制动踏板，使车辆在测试平板上制动并停住。

□ 完成
□ 未完成，原因：
技术要求：正直平稳驶上平板。
如图 3-22 所示。

图 3-22　车辆前轮进入平板时制动

3. 重新起步加速，当车辆后轮位于前平板上时，驾驶员及时拉紧驻车制动杆，使车辆在测试平板上制动并停住。

□ 完成
□ 未完成，原因：
技术要求：根据屏幕提示，被测车轮均在平板上时再踩制动踏板。
如图 3-23 所示。

图 3-23　车辆后轮进入平板时制动

4. 重新起步，将车辆驶离试验台。

□ 完成
□ 未完成，原因：
技术要求：测试驻车制动时，如被测车轮已驶离平板，则此次测试无效，应重新测试。
如图 3-24 所示。

图 3-24　车辆驶离试验台

注意事项

制动力检测时,如果被测车轮在滚筒上抱死但制动率未达到合格要求,应采用下述方法进行检测。

1. 在车辆上增加足够的附加质量或相当于附加质量的力。为防止被测车辆在反力式滚筒试验台上后移,可在未检测的车轮后方增加垫块或采取整车牵引的方法。

□完成
□未完成,原因:
技术要求:在设备规定载荷内,附加质量或作用力应在该轴左、右车轮之间对称作用,不计入轴荷。
如图 3-25 所示。

图 3-25 增加附加质量

2. 检测制动距离或充分发出的平均减速度和制动协调时间。

□完成
□未完成,原因:
技术要求:用平板制动试验台检测制动力或按照标准规定的路试方法。如图 3-26 所示。

图 3-26 平板制动试验台测制动距离

3. 反力式滚筒试验台检测左、右制动力差不合格,但在底盘动态检测过程中制动车辆无明显跑偏现象时,应换用平板式制动试验台或进行路试检测。

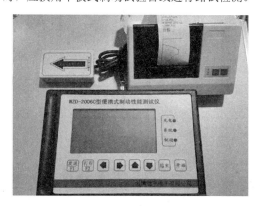

□完成
□未完成,原因:
技术要求:观察检测过程中制动车辆有无明显跑偏现象。
如图 3-27 所示。

图 3-27 车辆路试检验仪器

学习任务评价表

时间：40 min　　　　小组_____　　　　姓名_____

评价项目	评价标准	配分	自评 等级	自评 得分	互评 等级	互评 得分
素养能力	穿工装，做好劳动保护措施	10				
	遵守纪律，遵守学习场所管理规定，服从安排	10				
	具有安全意识、责任意识、5S 管理意识，注重节约、节能与环保	10				
	具有团队合作意识、注重沟通，能自主学习和相互协作	10				
专业知识与能力	正确使用反力式滚筒试验台检测汽车制动性能	10				
	正确使用平板式试验台检测汽车制动性能	10				
	能说出造成反力式滚筒试验台与平板式试验台检测结果差异的原因	5				
	对检测结果进行合格性判定	5				
	对不合格的检查结果给出维修建议	10				
按时完成	在规定的时间内完成检测项目	20				
个人自评与小组互评得分						
教师反馈						
教师评价						

实际完成时间：_____　　　　考核教师：_____

备注：评价等级为掌握、基本掌握、没有掌握。

案例回顾与解析

　　一辆 2017 年 10 月购置的轿车，已行驶 4 年(超过 6 万千米)，客户反映该车未曾对制动系统进行过保养和检修，由于长时间使用，该车制动性能差，经常出现制动距离长、减速较慢等现象。

请学习完本任务后,依据《机动车运行安全技术条件》(GB 7258—2017)的规定,尝试用制动试验台检测该车的制动力和制动性能,并对检测结果进行分析。

根据车主的描述,对该车进行台架制动性能检测,检测结果如表 3-7 所示。

表 3-7 制动性能检测报告单

检测项目	静态轮荷 kg		最大行车制动力 10N		过程差最大差值点 10N		空载制动				评价
							行车制动率 %	不平衡率 %	驻车制动力 10N	驻车制动率 %	
	左	右	左	右	左	右					
一轴	537	513	393	370	325	301	54.3	6.1	/		×
二轴	437	406	225	223	19	8	88.3	4.9			○
整车	1893		1211				65.3				○
动态轮荷(左右)	一轴		730/703				二轴		277/241		
检验结果	□合格 ☑不合格						检验员:				

1. 不合格判定理由

乘用车一轴制动率标准限值应大于等于 60%,所测车辆的一轴制动率仅为 54.3%。

2. 不合格原因

制动率不合格,导致整车制动性能不好,进而影响制动距离和制动减速度。根据测试结果,一轴制动率不合格,考虑以下三方面原因:①摩擦块磨损过度;②制动分泵有渗漏;③制动油管有松脱或破损。

3. 维修建议

(1) 取下前轮摩擦块测量其厚度,如低于对应车辆维修手册厚度要求,则应更换新的摩擦块。

(2) 观察分泵处是否有油迹(或用吸油纸擦拭),如果分泵漏油,需更换新的制动卡钳,并更换新的制动液,完成制动系统排气。

(3) 检查油路是否有破损、油管接头处是否有松脱。如有,需重新拧紧或更换油管。

创新与拓展

问题描述	当车辆在长时间、高强度制动时,制动块(制动蹄)的摩擦材料容易在温度迅速上升的过程中产生热衰退现象,导致摩擦力矩下降、摩擦材料脱落,进而影响制动性能,甚至损坏制动器。试分组讨论,当前有哪些技术手段可以解决上述现象呢?
创新创效点	

关键技术和主要技术指标	
实现方法或途径	

任务三　路试制动性能检测

知识目标

1. 了解路试制动检测设备的结构与工作原理。
2. 掌握车辆路试制动性能的检测流程。

技能目标

1. 会使用汽车路试检测设备对汽车的制动距离、制动减速度进行测量。
2. 会根据检测结果分析评价汽车的制动性能。

素质目标

1. 严格执行路试制定的法规，养成严谨科学的工作态度。
2. 培养居安思危的意识。
3. 培养团队协作能力。

思政导学

核心技术是要不来的

自从美国对中国华为施加芯片禁令之后，各大芯片供应商受制于美国技术和设备，难以继续向华为供货，但华为通过自身不断攻坚，研制出了麒麟芯片710A，并应用于手机上成功反制美国禁令。目前的汽车市场也是如此，汽车芯片的地位越来越高，高档芯片具有特殊的诊断功能，还能起到防盗的重要作用。未来高新技术将会不断地运用于汽车芯片上，尽管现在我国汽车发展处于世界前列，大学生一定要居安思危，毕竟"核心技术靠化缘是要不来的"，要想让中国发展成为一个科技强国，需要每一位青年大学生的不懈努力。

任务导入

李先生的 2011 款五菱宏光小型面包车行驶里程数 13 万千米，在制动性能台试检验时，制动不平衡率及前轴制动率符合要求，但整车制动率未达到合格要求。如采用路试检验的方法时，需要用到哪些检测设备？检验时的道路条件与制动初速度如何？路试制动性合格判定依据是什么？

相关知识

一、路试制动检验要求

(1) 对于线轴结构半挂车、静态轴荷大于或等于 11 500 kg 的汽车等不适用于制动检验台检验的车辆，用制动距离或者 MFDD 和制动协调时间判定制动性能。有疑问时应安装踏板力计，检查达到规定制动效能时的制动踏板力是否符合标准。

(2) 对已在制动检验台上检验过的车辆，制动不平衡率及前轴制动率符合要求，但整车制动率未达到合格要求，用便携式制动性能测试仪等设备检测。对于小(微)型载客汽车及其他总质量不大于 3 500 kg 的汽车的制动初速度应不低于 30 km/h，对于其他汽车、汽车列车及无轨电车，制动初速度应不低于 20 km/h，急踩制动后测取 MFDD 及制动协调时间。

(3) 路试制动性能检验应在纵向坡度不大于 1%、轮胎与地面间的附着系数不小于 0.7 的硬实、清洁、干燥的水泥或沥青路面上进行。检验前应对检验场地进行安全检查，并采取必要的防护及封闭措施，确保检验过程的安全。检验时车辆变速器应置于空挡(对自动变速器车辆应位于"D"挡)。

(4) 在试验路面上，按照《机动车运行安全技术条件》GB 7258—2017 划出规定的试车道的边线(对于采用自动定位装置记录被测车辆行驶轨迹、能自动判定车辆有无驶出虚拟车道边线的，可不施划实际试车道的边线)，被测车辆沿着试车道的中线行驶。使用便携式制动性能测试仪等设备进行测试时，行驶至规定初速度后，置变速器于空挡(对自动变速器车辆置于"D"挡)，急踩制动(制动过程中不应转动方向盘)，使车辆停止，测量 MFDD 和制动协调时间，并检查车辆有无驶出车道边线；当使用非接触式速度仪等设备进行测试时，行驶至高于规定的初速度后，置变速器于空挡(对自动变速器车辆置于"D"挡)，滑行到规定的初速度时，急踩制动，使车辆停止，测量车辆的制动距离，检查车辆有无驶出车道边线。

二、路式制动检验设备

图 3-28 所示是国内某公司研发的汽车行驶记录仪。它采用高灵敏度 GPS 传感器，结合微计算机技术，辅以相应 I/O 接口和外设，对汽车行驶记录仪模拟速度、模拟行驶里程、路

试瞬时速度、路试行驶里程、时钟和定位精度进行检测/校准。该仪器路试制动检测时,能测量车辆的制动性能和加速性能,可检测充分发出的平均减速度(MFDD)、制动时间、制动初速度、制动距离、制动时间和制动过程中的平均减速度等数据。

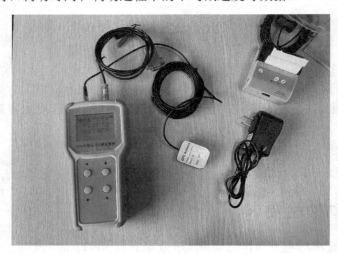

图 3-28 汽车行驶记录仪

三、路试制动性合格性判定

根据《机动车运行安全技术条件》(GB 7258—2017)的要求,车辆制动性通过测取制动距离、制动减速度、驻车制动协调时间来评价。

1. 用制动距离检验行车制动性能

机动车在规定的初速度下的制动距离和制动稳定性要求应符合表 3-8 的规定。对空载检验的制动距离有质疑时,可用表 3-8 规定的满载检验制动距离要求进行。

制动距离,是指机动车在规定的初速度下急踩制动时,从脚接触制动踏板(或手触动制动手柄)时起至机动车停住时止机动车驶过的距离。

制动稳定性要求,是指制动过程中机动车的任何部位(不计入车宽的部位除外)不超出规定宽度的试验通道的边缘线。

表 3-8 制动距离和制动稳定性要求

机动车类型	制动初速度/(km/h)	空载检验制动距离要求/m	满载检验制动距离要求/m	试验通道宽度/m
三轮汽车	20	≤5.0		2.5
乘用车	50	≤19.0	≤20.0	2.5
总质量小于等于 3 500kg 的低速货车	30	≤8.0	≤9.0	2.5
其他总质量小于等于 3 500kg 的汽车	50	≤21.0	≤22.0	2.5
铰接客车、铰接式无轨电车、汽车列车(乘用车列车除外)	30	≤9.5	≤10.5	3.0[a]

续表

机动车类型	制动初速度/(km/h)	空载检验制动距离要求/m	满载检验制动距离要求/m	试验通道宽度/m
其他汽车、乘用车列车	30	≤9.0	≤10.0	3.0[a]
两轮普通摩托车	30	≤7.0		—
边三轮摩托车	30	≤8.0		2.5
正三轮摩托车	30	≤7.5		2.3
轻便摩托车	20	≤4.0		—

[a] 对车宽大于 2.55m 的汽车和汽车列车，其试验通道宽度为"车宽(m)+0.5"

2. 用充分发出的平均减速度检验行车制动性能

汽车、汽车列车在规定的初速度下急踩制动时充分发出的平均减速度及制动稳定性要求应符合表 3-9 的规定，且制动协调时间对液压制动的汽车应小于或等于 0.35s，对气压制动的汽车应小于或等于 0.60s，对汽车列车、铰接客车和铰接式无轨电车应小于或等于 0.80s。对空载检验的充分发出的平均减速度有质疑时，可用表 3-9 规定的满载检验充分发出的平均减速度进行。

表 3-9　制动减速度和制动稳定性要求

机动车类型	制动初速度/(km/h)	空载检验充分发出的平均减速度/(m/s^2)	满载检验充分发出的平均减速度/(m/s^2)	试验通道宽度/m
三轮汽车	20	≥3.8		2.5
乘用车	50	≥6.2	≥5.9	2.5
总质量小于等于 3 500kg 的低速货车	30	≥5.6	≥5.2	2.5
其他总质量小于等于 3 500kg 的低速货车	50	≥5.8	≥5.4	2.5
铰接客车、铰接式无轨电车、汽车列车	30	≥5.0	≥4.5	3.0a
其他汽车、乘用车列车	30	≥5.4	≥5.0	3.0a

[a] 对车宽大于 2.55m 的汽车和汽车列车，其试验通道宽度为"车宽(m)+0.5"

3. 驻车制动

《机动车运行安全技术条件》(GB 7258—2017)规定，路试驻车制动检验方法为：将车辆驶上坡度为 20%(对总质量为整备质量的 1.2 倍以下的车辆为 15%)，轮胎与地面间的附着系数大于等于 0.7 的坡道，如图 3-29 所示。按正、反两个方向保持固定不动，其时间不少于 2 min 为合格。

图 3-29　驻车制动坡道

任务实施

路试制动检测流程

1. 汽车应运行至正常热状态

图 3-30　汽车预热准备

□完成
□未完成，原因：
技术要求：冷却水温度和机油温度正常。
如图 3-30 所示。

2. 汽车行驶记录仪电量应充足。

图 3-31　对汽车行驶记录仪充电

□完成
□未完成，原因：
技术要求：电量应充足，低电状态会影响测量的准确性。
如图 3-31 所示。

3. 仪器的预热与校准。

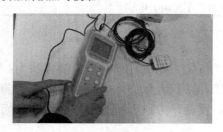

图 3-32　仪器开机预热

□完成
□未完成，原因：
技术要求：按照说明书要求检查与自校。
如图 3-32 所示。

项目三　汽车制动性检测

4. 将 GPS 传感器及记录仪连接好。

图 3-33　连接 GPS 传感器及记录仪

□完成
□未完成，原因：
技术要求：插头连接牢固无松动。
如图 3-33 所示。

5. 预选初速度与制动距离。

图 3-34　设定制动初速度等参数

□完成
□未完成，原因：
技术要求：按照检测的车型设定制动初速度与制动距离。
如图 3-34 所示。

6. 将 GPS 传感器及记录仪在车内放好。

图 3-35　仪表台上的 GPS 传感器及记录仪

□完成
□未完成，原因：
技术要求：GPS 传感器平放在车内，测试过程中传感器与记录仪不掉落。
如图 3-35 所示。

7. 根据记录仪提示音紧急制动。

图 3-36　正确操作车辆

□完成
□未完成，原因：
技术要求：根据行驶记录仪的提示音紧急制动。
如图 3-36 所示。

8. 打印路试制动报告单。

图 3-37　打印报告单

□完成
□未完成，原因：
技术要求：打印一式两联的路试制动报告单。
如图 3-37 所示。

学习任务评价表

时间：40 min　　　小组_____　　　姓名_____

评价项目	评价标准	配分	自评		互评	
			等级	得分	等级	得分
素养能力	穿工装，做好劳动保护措施	10				
	遵守纪律，遵守学习场所管理规定，服从安排	10				
	具有安全意识、责任意识、5S管理意识，注重节约、节能与环保	10				
	具有团队合作意识、注重沟通，能自主学习和相互协作	10				
专业知识与能力	熟悉路试制动性能检测的基本要求	5				
	正确使用路试检验设备，对汽车制动性进行检测	10				
	能根据不同类型的车辆选择坡度，对汽车的驻车性能进行测试	10				
	对检测结果进行合格性判定	5				
	对不合格的检测结果给出维修建议	10				
按时完成	在规定的时间内完成检测项目	20				
个人自评与小组互评得分						
教师反馈						
教师评价						

实际完成时间：_____　　　考核教师：_____

备注：评价等级为掌握、基本掌握、没有掌握。

案例回顾与解析

李先生的2011款五菱宏光小型面包车行驶里程数13万千米，在制动性能台试检验时，制动不平衡率及前轴制动率符合要求，但整车制动率未达到合格要求。如采用路试检验的方法时，需要用到哪些检测设备？检验时的道路条件与制动初速度如何？路试制动性合格判定依据是什么？

《机动车运行安全技术条件》(GB 7258—2017)规定，对已在制动检验台上检验过的车辆，制动不平衡率及前轴制动率符合要求，但整车制动率未达到合格要求，可进行路试检验。

项目三 汽车制动性检测

目前路试检验制动性能所采用的设备主要有便携式路试仪、第五轮仪和非接触式速度仪等。采用制动距离检验行车制动性能时，由于李先生的小轿车属于乘用车，要求制动初速度为 50km/h，空载检验制动距离小于等于 19m，满载检验制动距离小于等于 20m，且制动时，在 2.5m 宽度的试验通道中车身任何地方不得过线，方可判定为路试制动性合格。

创新与拓展

问题描述	请画出便携式路试仪的原理图，分析影响检测精度的关键点，结合所学知识及实际操作经验，对现有的便携式路试检测仪进行优化设计或总结出一套规范的使用方法，使其测试准确度更高
创新创效点	
关键技术和主要技术指标	
实现方法或途径	

汽车制动性检测

项目四　汽车操纵稳定性检测

任务一　汽车操纵稳定性评价

知识目标

1. 熟悉汽车操纵稳定性的内容。
2. 掌握汽车操纵稳定性的评价指标。
3. 熟悉汽车操纵稳定性检测的方法与仪器设备。

技能目标

1. 能够根据汽车操纵稳定性检测的规范完成相关检测作业。
2. 能够分析汽车操纵稳定性检测不合格的原因。

素质目标

1. 严格执行最新检测法规对汽车操纵稳定性的评价要求,养成严谨、科学的工作态度。
2. 树立良好的安全意识。
3. 培养团队协作精神。

思政导学

中国汽车轮胎力学的奠基人——郭孔辉院士

我国由于汽车工业起步较晚,在汽车自主研发技术和制造生产能力上与欧美相比有比较大的差距。尤其是在汽车工业起步阶段,存在各种各样的技术难关需要攻克。例如作为中国第一辆国产高档轿车的"红旗"轿车,在刚下线时,由于高速操纵稳定性较差,在接待外宾时,险些发生事故,差点酿成国际事件。这个时期,老一代的专家、科技工作者、技术人员在推动我国汽车自主研发技术和制造生产能力上做出了不可磨灭的重要贡献。例如中国汽车轮胎力学的奠基人——郭孔辉院士,作为归国华侨,放弃千万身家,在当时极为艰苦的环境下,投身一汽的建设与研发,把全部精力和时间都投入汽车操纵稳定性、平顺性、制动与驱动稳定性以及轮胎力学等学术领域,成功地攻克了技术难题,专业造诣和研究成果逐渐达到了世界领先水平,当选为中国工程院首批院士,成为中国第一位汽车领域院士,伴随我国汽车工业半个多世纪的发展,为当代祖国科研人才提供了一个永恒的标杆。

任务导入

一辆改装的货用卡车装载货物后,在爬坡过程中发生了纵向倾翻,为什么?

相关知识

一、汽车行驶中的不稳定现象及原因

汽车在平直良好路面上行驶时，在保持方向盘的方角不变时，出现低速摆头、高速摆振、行驶跑偏、纵翻与侧翻等现象，即被认定为汽车在行驶中的不稳定现象。这些现象的具体情况及原因见表4-1。

表4-1　汽车行驶中的不稳定现象及主要原因

序号	现象	现象描述	主要原因
1	行驶跑偏	汽车在直线道路上行驶时，若驾驶员松握方向盘，行驶方向会自动朝一侧偏离	前轮定位不准确，左右侧的轴距、行驶阻力以及轮胎半径等不相同，其中前轮定位不准是由于受主销后倾角、主销内倾角和前轮外倾角等参数影响，是行驶跑偏原因中最复杂的一种情况
2	低速摆头	汽车在低速行驶的时候，车头左右摆动，无法直线行驶	一是使用因素，主要是车辆使用达到一定期限后引起的转向器与传动机构间隙变大、连接松动、车架变形导致前轮定位不准，以及后轮超载、后轮胎压不足等。二是结构因素，主要是悬架与转向传动机构的运动关系不协调导致转向轮左右摇摆等，有些采用非独立悬架的汽车因悬架的陀螺效应也有可能出现这种现象
3	高速摆振	汽车在高速行驶(可以是某一较高速度范围)时，出现方向盘抖动、车辆行驶不稳定	轮胎的动平衡出现问题，外界激振频率与汽车振动系统出现共振时会引起高速摆振。另外，引起低速摆头的原因也可能会引起高速摆振
4	汽车纵翻与侧翻	汽车纵翻：汽车在纵向坡道行驶时，出现汽车某一轴绕另外一根轴翻转的现象。汽车侧翻：汽车行驶过程中其纵轴线转动超过90°，导致车身与地面发生接触侧翻	如果某一轴的法向反作用力等于0时，则汽车可能出现纵翻，汽车的结构、装载情况、道路条件可以引起汽车纵翻和侧翻。另外，汽车的侧向加速度达到一定值后或者当汽车在侧向滑移中与路上的障碍物碰撞时，也会引起侧翻

二、汽车操纵稳定性的评价

汽车操纵稳定性最终应通过试验来进行测定与评价。试验中的性能评价有主观评价和客观评价两种方法。

客观评价法是通过测试仪器测出表征性能的物理量如横摆角速度、侧向加速度、侧倾角及转向力等来评价操纵稳定性的方法。主观评价法就是感觉评价，其方法是让试验评价人员根据试验时自己的感觉来进行评价。并按规定的项目和评分办法进行评分。

研究汽车本身特性的开路系统只采用客观评价法。研究人—汽车闭路系统的试验常同时采用客观评价与主观评价两种方法。

由于主观评价可以发现仪器无法检测的问题，因此，在对汽车操纵稳定性评价时，应采取主观评价与客观评价相结合的方法。可以先通过试验者的主观感觉发现问题，然后再使用仪器进行相应的测试。汽车操纵稳定性的基本内容以及主要的评价参数，如表 4-2 所示。

表 4-2　汽车操纵稳定性的基本内容以及主要的评价参数

序号	基本内容	主要评价参数
1	方向盘角阶跃输入下进入的稳态响应、方向盘角阶跃输入下的瞬态响应	稳态横摆角速度增益，即转向灵敏度、反应时间、横摆角速度波动的无阻尼圆频率
2	转向半径	最小转向半径
3	转向轻便性	转向力
4	回正性	回正后剩余横摆角速度与剩余横摆角、达到剩余横摆角速度的时间
5	直线行驶性能、侧向风稳定性、路面不平度稳定性	转向盘转角、侧向偏移
6	横摆角速度频率响应特性	共振峰频率、共振时振幅比、相位滞后角、稳态增益
7	方向盘中间位置操纵稳定性	转向灵敏度、方向盘力特性、方向盘转矩梯度、转向功灵敏度
8	典型行驶工况性能(移线性能、回避障碍性能、蛇形性能)	转向盘转角、转向力、侧向加速度、横摆角速度、侧偏角、车速等
9	极限行驶能力、圆周行驶极限侧向加速度、抗侧翻能力、发生侧滑时的控制性能	极限侧向加速度、极限车速、回至原来路径所需时间

三、汽车操纵稳定性试验仪器设备

1. 角速度陀螺仪

角速度陀螺仪主要用于检测汽车的横摆角速度，通常安装在汽车的地板上。为了使动态测试值不产生太大的相位滞后，当仪器相对阻尼系数等于 0.2 时，其自振频率应不小于 50Hz。同时角速度陀螺仪还应该保证在输入频率为 0～2.5Hz 范围内其输出是线性的。

2. 垂直陀螺仪

垂直陀螺仪主要用于检测汽车的车身侧倾角、俯仰角。使用这种陀螺仪测量时应注意，由于其自转轴不完全垂直于地面所造成的正弦波信号输出偏差。必要的时候，在试验前应使汽车以极低的车速转圈行驶，测出由此引起的偏差，以便进行修正。也有带有修正装置的垂直陀螺仪，在试验前应进行修正。较新的陀螺仪已经利用 CAN 总线技术进行数据的传输，来测量三个轴向的角速度和轴向加速度。

3. 侧(纵)向加速度计

侧(纵)向加速度计用来测量汽车做曲线运动时的侧向加速度和纵向加速度。侧(纵)向加速度计须安装在汽车质心的位置。加速度计的安装偏差估计可达的最大值为 0.2g/m，因此，为了使由于安装造成的测量误差不大于 1%，其偏差在汽车的坐标轴方向应控制在 1～2cm，同时加速度计要安装在陀螺平台上。一般情况下，常将二自由度陀螺仪、三自由度陀螺仪以及侧(纵)向加速度计组合在一起形成测试系统，安装在汽车的质心位置进行测试。

4. 车速测量仪

车速测量仪一般安装在汽车的后部，按照是否与路面接触可分为接触式和非接触式两种。由于接触式车速测量仪的测量误差更大，故一般采用非接触式车速测量仪进行汽车行驶车速的测量，它可以方便地安装于汽车前、后保险杠上，或用真空吸盘吸附于前、后车体上进行车速的测量。

5. 方向盘测力仪

方向盘测力仪主要用于测定施加在方向盘上的力矩和转角。方向盘测力仪主要有两种形式：一种是副方向盘形式，测力元件装在副方向盘上，试验时将副方向盘与试验汽车的方向盘刚性地串联在一起，并通过操纵副方向盘进行转向输入；另一种是仅有力传感器或角度传感器等，将上述传感器安装在汽车方向盘下方进行测定。

四、汽车操纵稳定性试验

1. 稳态回转试验

用鲜明的颜色在试验场地上画半径为 15m 或 20m 的圆，试验仪器设备准备就绪后，汽车以最小的稳定车速沿着这个圆的圆周行驶。此时方向盘的转角为 δ_{sw0}，测定此时的车速 u_0 和横摆角速度 ω_{r0}，以此计算不计轮胎侧偏时的转向半径 $R_0=u_0/\omega_{r0}$，保持方向盘的转角 δ_{sw0} 不变，然后缓慢连续而均匀地加速，纵向加速度不大于 $0.25 m/s^2$，使汽车的侧向加速度达到 $6.5 m/s^2$，记录不同车速 u 下的横摆角速度 ω_r，根据瞬时的 u 值与 ω_r 值，按照公式 $R=u/\omega_r$，$a_y=u\omega_r$，计算出相应的 R 与 a_y 值，进而绘制 R/R_0-a_y 曲线，如图 4-1 所示，同时绘制出不同侧向加速度下的转弯半径曲线，如图 4-2 所示。

汽车前后轮的转弯半径大小与其侧偏角有关，因此汽车的稳态转向特性有中性转向、不足转向、过度转向三种。当汽车处于中性转向时，转向半径不会随车速的改变而改变；当汽车处于不足转向时，转向半径会随着车速的升高而增大；当汽车处于过度转向时，转向半径会随着车速的升高而减小。具有不足转向特性的汽车，其操作稳定性一般比较良好，而具有过度转向特性和中性转向特性的汽车操作稳定性不好，因此汽车需要具有一定的不足转向特性。

2. 转向轻便性试验

驾驶员操纵汽车方向盘的轻重程度与转向系零部件之间的摩擦力、速度变化时引起的零部件惯性力、轮胎与路面之间的滑移摩擦力以及轮胎与前轮定位引起的回正力矩等形成的阻力有关。汽车转向轻便性试验测量的参数主要有方向盘转角、方向盘力矩、方向盘直径和汽车行驶速度。

汽车转向轻便性试验一般沿如图 4-3 所示的双扭线轨迹以 10km/h 的车速行驶。双纽线的最小曲率半径应按试验汽车的最小转弯半径乘以 1.1，在双纽线最宽处，顶点和中点的路径两侧各放置两个标桩，共计旋转 16 个标桩。试验中记录方向盘转角和方向盘转矩，并按照双纽线路径每一周整理出如图 4-4 所示的方向盘转矩与方向盘转角之间的关系曲线。通常以转向盘最大转矩、转向盘最大作用力及转向盘作用功等来评价转向轻便性。

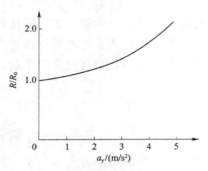

图 4-1　转向半径之比与侧向加速度试验曲线

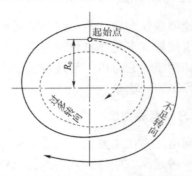

图 4-2　转方向盘加速行驶汽车运行轨迹

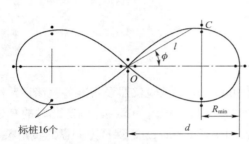

图 4-3　测定转向轻便性的双纽线

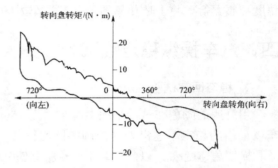

图 4-4　转向盘转矩与转向盘转角关系曲线

3. 转向回正性能试验

回正力矩反映了汽车回复到直线行驶的能力，转向回正性能是评价汽车操纵稳定性的重要参数之一。回正力矩取决于汽车轮胎的侧偏特性和主销定位角。

一般的低速回正试验要求汽车沿半径为 15m 的圆周行驶，并调整车速使侧向加速度达到 $4m/s^2$，稳定车速后突然松开转向盘，前轮在回正力矩的作用下回复到直线行驶状态。试验过程中汽车的节气门位置保持不变，记录时间、车速、转向盘转角和横摆角速度等参数。可利用横摆角速度与时间曲线进行汽车转向回正能力的评价。

4. 转向盘转角阶跃输入试验

转向盘转角阶跃输入试验也称为瞬态横摆响应试验，主要用来测定汽车对转向盘转角输入时的瞬态响应。汽车在转向盘转角阶跃输入下将从一个稳态(直线行驶)过渡到另一个稳态(圆周运动)，两个稳态之间的响应称为汽车的瞬态响应。

汽车开始时以一定的车速直线行驶，一段时间后突然以最快的速度转动转向盘至预先确定的转向角，并保持转向盘转角不变、节气门开度不变，使汽车进入圆周运动。记录汽车的车速、时间、转向盘转角、横摆角速度和侧向加速度等参数。通常可以利用横摆角速度响应来评价汽车的操纵稳定特性。

5. 方向盘角脉冲输入试验

汽车的频率响应可以对一定输入下的真实响应程度进行评价。试验要求给方向盘正弦角输入，利用在此输入下汽车的横摆角速度频响特性作为评价的指标。通常用方向盘角位移脉冲试验来确定汽车的频率特性，如图4-5所示。

进行方向盘角位移脉冲试验时，试验车速为最高车速的70%。汽车在平坦的场地上以试验车速行驶，然后给方向盘一个三角脉冲转角输入，即向左或向右转动方向盘(见图 4-5)，方向盘转角输入脉宽为 0.3～0.5s，其最大转角应使汽车最大侧向加速度为 $4m/s^2$，输入转向角脉冲时，汽车行驶方向发生摆动，经过不长时间回复到直线行驶。记录试验过程的时间 t、方向盘转角 δ_{SW}、车速 u、横摆角速度 ω_r 和侧向加速度 a_y，对试验结果进行处理，就得到汽车的频率特性。

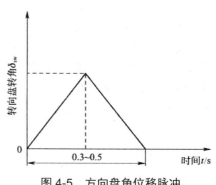

图 4-5 方向盘角位移脉冲

学习任务评价表

时间：40 min　　　　小组＿＿＿＿＿　　　　姓名＿＿＿＿＿

评价项目	评价标准	配分	自评		互评	
			等级	得分	等级	得分
素养能力	主动学习并完成预习内容	10				
	遵守纪律，遵守学习场所管理规定	10				
	具有良好的表达能力，善于总结	10				
	具有创新思维，完成拓展部分任务	10				
专业知识与能力	熟悉汽车操纵稳定性的内容	10				
	掌握汽车操纵的评价指标	10				
	熟练使用操纵稳定性的检测设备	10				
	能正确分析汽车操纵稳定性检测不合格的原因	10				
按时完成	在规定的时间内完成学习内容	20				
个人自评与小组互评得分						
教师反馈						
教师评价						

实际完成时间：＿＿＿＿＿　　　　　　　　考核教师：＿＿＿＿＿

备注：评价等级为掌握、基本掌握、没有掌握。

案例回顾与解析

一辆改装的货用卡车装载货物后,在爬坡过程中发生了纵向倾翻,原因是?

汽车在纵向坡道上行驶,随着道路坡度的大,前轮的地面法向反作用力不断减小。当道路坡度大到一定程度时,前轮的地面法向反作用力为零。在这样的坡度下,汽车将失去操纵性,并有能产生纵向翻倒。汽车上坡时,坡度阻力随坡度的增大而增加,当坡度大到一定程度,为克服坡度阻力所需的驱动力超过附着力时,驱动轮将滑转。这两种情况均使汽车的行驶稳定性遭到破坏。

创新与拓展

问题描述	根据汽车转向特性,想一想可以从哪些机械结构方面进行改进,以便更好地实现转向过程中的汽车操纵稳定性
创新创效点	
关键技术和主要技术指标	
实现方法或途径	

任务二　转向轮横向侧滑量检测

知识目标

1. 了解侧滑检验台的结构。
2. 熟悉汽车侧滑的原因。
3. 掌握侧滑量项目针对的车型。
4. 掌握汽车转向轮侧滑量检测流程。

技能目标

1. 能够正确使用侧滑检验台对汽车转向轮侧滑量进行检测。
2. 能够对检测结果进行合格性判定。
3. 能够根据评价结果提出维修建议。

素质目标

1. 培养良好的安全与卫生习惯。
2. 培养团队协作精神。

思政导学

转向系统朝代更迭

在汽车的发展历程中，转向系统经历了五个发展阶段：从最初的机械式转向系统发展为液压助力转向系统，到后来的电控液压转向系统和电动助力转向系统，再到现在的线控转向系统。1954年，通用汽车首次将液压助力转向系统应用于汽车。经过一系列的技术革新，1983年，日本KOYO公司研制出第一台电动液压助力转向系统；1988年，日本铃木汽车公司首先在小型轿车Cervo上装备电动助力转向系统(EPS)。1990年，日本Honda公司采用自主研发的齿条助力式电动助力转向系统，从此开始了电动助力转向系统在汽车领域的应用。

随着汽车电子技术和动力转向技术的发展，线控动力转向系统(Steering By Wire，简称SBW)应运而生。SBW的优点有：消除转向干涉问题；去掉了原来转向系统各个模块之间的刚性机械连接，大大方便了系统的总布置；舒适性提高；可以个性化地适合特定的驾驶者和驾驶环境，与转向有关的驾驶行为都可以通过软件来实现；消除了撞车事故中转向柱伤害驾驶员的可能性，不必设置转向防伤机构；驾驶员腿部活动空间增加，出入更方便。

任务导入

一辆重汽豪沃T5G-M四轴混凝土搅拌车，在汽车安全技术检验时，显示一轴侧滑量为−8m/km，二轴侧滑量为−3m/km。车主拿到检验报告单后，表示不理解车辆为什么不合格。请根据有关标准，给车主解释不合格的原因，并提出合理的维修建议。

相关知识

一、转向轮侧滑产生的原因

1. 前轮前束对侧滑的影响

让带有前束的前轮驶过只能横向移动的滑板,由于前束的作用,车轮在前进时,两车轮力图向内侧滚动,使两车轮产生向内靠拢的趋势。由于机械上的约束,车轮不可能向内侧滑动,这就又出现了车轮边滚动边向外滑移。由于前束的存在,每个车轮都将一边滚动、一边向外侧推动,其距离应该既与前束的大小有关,又与车轮走过的距离有关。如图 4-6 所示,若在车轮滚过一段距离 D 之后,两块滑板外侧之间的距离由 L 变为 L',那么滑板总的滑移量是 $(L'-L)$(其中 $L'>L$),平均每个车轮的滑移量就是 $(L'-L)/2$。

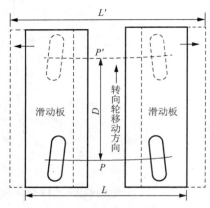
图 4-6 前束引起的侧滑作用

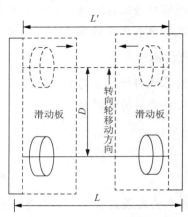
图 4-7 前轮外倾引起的侧滑作用

2. 前轮外倾角对侧滑的影响

由于前轮外倾的存在,滚动时就会出现类似于圆锥的滚动,形成两个车轮向外侧滚动,使两车轮远离的趋势。由于车桥和转向横拉杆的约束,两车轮的轮距保持不变,于是车轮将在地面上出现边向前滚动边向内侧滑动。如图 4-7 所示,若在车轮滚过一段距离 D 之后,两块滑板外侧之间的距离由 L 变为 L',那么滑板总的滑移量是 $L-L'$(其中 $L>L'$),平均每个车轮的滑移量就是 $(L-L')/2$。

综上可知,车轮滚动时,前轮外倾与前轮前束引起的侧滑方向是相反的。若前束调整合适,可抵消前轮外倾引起的侧滑影响,使总侧向滑移量为零,车轮作纯滚动。使用不当或车辆碰撞导致定位参数改变,前轮外倾角与前轮前束值不匹配,会使车辆转向轮侧滑。

3. 其他因素的影响

汽车轮毂轴承间隙过大,左右松紧度不一致,转向节主销与衬套磨损,或转向节臂松动,轮胎气压不等,花纹不一致,轮胎磨损过甚以至严重偏磨,横、直拉杆球头松旷,左右悬架性能不等,前后轴不平行,都会影响侧滑量。在检验侧滑以前,应首先消除这些因素。当检验车辆的侧滑不合格时,应注意从这些方面查找原因。

二、侧滑检测台的类型与结构

侧向滑移量的大小与方向可用汽车前轮侧滑检测台来检测。侧滑检测台是当汽车在滑动板上驶过时,用测量滑动板左右移动量的方法来测量前轮侧滑量的大小和方向,并判断汽车是否合格的一种检测设备。目前检测站常用的是双板式侧滑检测台,如图 4-8 所示。

图 4-8　双板式侧滑检测台

如图 4-9 所示,双板联动式侧滑检测台主要由机械和电气两部分组成。机械部分主要由两块滑动板、联动机构、回零机构、滚轮及导向机构、限位装置及锁零机构组成。电气部分包括位移传感器和电气仪表。

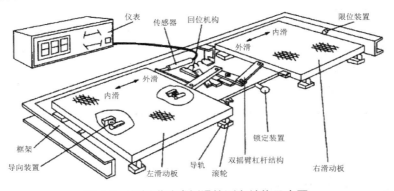

图 4-9　双板联动式侧滑检测台结构示意图

三、需进行转向轮横向侧滑量检验的车型

《机动车安全技术检验项目和方法》(GB 38900—2020)规定:前轴采用非独立悬架的汽车(包括采用双转向轴的汽车,但不包括静态轴荷大于或等于 11 500kg、不适用于仪器设备检验的汽车),需进行转向轮横向侧滑量检测。

注:(1) 本检验项目只针对传统机动车的转向轴,即前轴为转向轴且转向轴为第 1 轴或转向轴为第 1~2 轴的情形,对于其他特殊结构的转向轴不作检验要求。

(2) 双转向轴车辆应在双板联动侧滑检测台上进行,且侧滑检测台进车方向应具有轮胎侧向力释放功能。

四、转向轮侧滑量合格性判定

《机动车安全技术检验项目和方法》(GB 38900—2020)规定:前轴采用非独立悬架的汽车(包括采用双转向轴的汽车,但不包括静态轴荷大于或等于 11 500kg、不适用于仪器设备检验的汽车),转向轮横向侧滑量值应小于或等于 5m/km。

双转向轴车辆的每个转向轮横向侧滑量值均应小于或等于 5m/km。

另外需要特别注意的是：当车轮通过检验台时，滑板向外移动则侧滑量值记为正，向内移动则侧滑量值记为负。合格性判定时，正负代表的是滑板移动的方向，但侧滑量的数值均应小于或等于 5m/km。

任务实施

按照以下任务的技术要求，对车辆转向轮侧滑量进行检验，将结果填入表 4-3 中。

表 4-3 转向轮侧滑量检验报告单

1. 基本信息					
号牌号码		车辆型号		车辆类型	
车辆识别代号(VIN)		最大设计总质量/kg		驱动形式	
基准质量/kg		前轴数量		转向轴数量	
2. 检测设备信息					
检测试验台名称		检验台类型		检定日期	
3. 转向轮侧滑量检测结果					
侧滑/(m/km)	一轴				
	二轴				

1. 检查车辆轮胎情况。

图 4-10 检查轮胎情况

□完成

□未完成，原因：

技术要求：轮胎表面干燥、清洁无油污，胎冠花纹及轮胎间无异物嵌入，气压符合规定。

如图 4-10 所示。

2. 检查侧滑检测台。

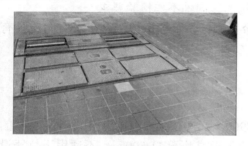

图 4-11 检查侧滑检测台

□完成

□未完成，原因：

技术要求：应无机油、石子、泥污等杂物。

如图 4-11 所示。

3. 打开侧滑检测台滑板的锁止机构。

图 4-12　拔出滑板锁销

□完成
□未完成，原因：
技术要求：拔出侧滑检测台滑板的锁销，并放在安全位置。
如图 4-12 所示。

4. 仪表调零及校准。

图 4-13　仪表调零及校准

□完成
□未完成，原因：
技术要求：测试前仪表初始数值应为零。
如图 4-13 所示。

5. 操作车辆通过测滑检测台。

图 4-14　车辆通过检测台

□完成
□未完成，原因：
技术要求：
(1)车辆在驱动状态以不大于 5km/h 的车速平稳、直线通过侧滑检测台。
(2)车辆通过检测台时不得转动方向盘、不得制动或停车。
如图 4-14 所示。

6. 读取数值。

图 4-15　读取最大示值

□完成
□未完成，原因：
技术要求：读取检验过程最大示值。
如图 4-15 所示。

7. 检验完毕后将检测台锁止。

图 4-16　将锁销放回销孔

□完成
□未完成，原因：
技术要求：车辆驶出测滑检测台后，将锁销放回销孔，盖好孔盖板。
如图 4-16 所示。

学习任务评价表

时间：　　　　　小组_____　　　姓名_____

评价项目	评价标准	配分	自评		互评	
			等级	得分	等级	得分
素养能力	穿工装，做好劳动保护措施	10				
	遵守纪律，遵守学习场所管理规定，服从安排	10				
	具有安全意识、责任意识、5S 管理意识，注重节约、节能与环保	10				
	具有团队合作意识、注重沟通，能自主学习和相互协作	10				
专业知识与能力	熟悉侧滑试验台并在检验前对其进行检查	5				
	按照标准流程进行转向轮侧滑量检验	10				
	熟悉转向轮侧滑量国家标准及对检测结果进行合格性判定	10				
	说出侧滑量检验不合格的原因	15				
按时完成	在规定的时间内完成检测项目	20				
个人自评与总结						
教师反馈						
教师评价						

教师签字：　　　　　　　　　　　　　　日期：

备注：评价等级为掌握、基本掌握、没有掌握。

案例回顾与解析

一辆重汽豪沃 T5G-M 四轴混凝土搅拌车，在汽车安全技术检验时，显示一轴侧滑量为 $-8m/km$，二轴侧滑量为 $-3m/km$。车主拿到检验报告单后，表示不理解车辆为什么不合格。请你根据有关标准，给车主解释不合格的原因，并提出合理的维修建议。

1. 不合格判定理由

《机动车安全技术检验项目和方法》(GB 38900—2020)规定，双转向轴的汽车，每个转向轮横向侧滑量值均应小于或等于5m/km。

-8m/km(-3 m/km)的意思是在检测过程中，检验台的滑板朝外滑移量为8m/km(3 m/km)。虽然二轴的侧滑量为-3 m/km，在合格的范围之内，但是一轴侧滑量-8m/km已经超出了《机动车安全技术检验项目和方法》(GB 38900—2020)的规定值。对于双转向轴的汽车，必须每个转向轮横向侧滑量都合格。

2. 维修建议

转向轮侧滑量检测的目的是确定转向轮前束和前轮外倾的配合是否恰当。案例中的车辆在检测过程中滑板朝外滑移量过大，说明前束过大或者转向轮外倾角过小，建议进行四轮定位参数检查并调整。

此外，应查看转向系统各拉杆间是否间隙过大，或转向节臂是否松动；轮胎气压是否正常，轮胎磨损是否正常；检查左右悬架性能是否相同。

创新与拓展

问题描述	请查阅有关资料，分析单板式侧滑量检测台能否测定汽车转向轮侧滑量？原理是什么？与双板式之间精确度与检测效率哪个更高？
创新创效点	
关键技术和主要技术指标	
实现方法或途径	

任务三　车轮动平衡检测

知识目标

1. 掌握汽车车轮动不平衡相关概念。
2. 熟悉汽车车轮动平衡检测设备结构与工作原理。
3. 了解汽车车轮动不平衡的原因及相关国家检测要求。
4. 掌握汽车车轮动不平衡的检测方法。

汽车车轮动平衡检测

技能目标
1. 能够根据汽车车轮动不平衡检测的规范完成相关检测作业。
2. 能够分析汽车车轮动不平衡的原因。

素质目标
1. 在汽车车轮动不平衡检测中严格遵守设备安全操作规范。
2. 规范处理废弃平衡块，树立良好的环保意识。
3. 培养团队协作精神。

思政导学

轮胎的发展简史

在很久以前，轮胎是用木头、铁等材料制成。1845年，英国人罗伯特·汤姆逊发明了第一个空心轮子，并提出用压缩空气充入弹性囊，以减轻车在运动时产生的振动与冲击。1888年，约翰·邓录普根据这一原理制成了橡胶空心轮胎，后来托马斯又制造了带有气门开关的橡胶空心轮胎。1895年随着汽车的出现，充气轮胎在汽车领域得到广泛发展，这是由平纹帆布制成的单管式轮胎，虽有胎面胶却无花纹。20世纪20年代初至30年代中期，轿车轮胎由低压轮胎过渡到超低压轮胎；40年代开始轮胎逐步向宽轮辋过渡；40年代末无内胎轮胎出现；50年代末低断面轮胎问世。1948年法国米其林公司首创了子午线结构轮胎。这种轮胎由于使用寿命和使用性能的显著提高，特别是在行驶中可以节省燃料，而被誉为"轮胎工业的革命"。

汽车轮胎生产发展的历史表明，前50年主要是解决如何提高轮胎的使用寿命问题。由于现代汽车制造和交通运输部门对轮胎的要求日益苛刻，轮胎研究的重点转到轮胎行驶、安全、舒适和经济等综合性能上来，轮胎的发展已实现了子午线化、无内胎化、低断面化。

任务导入

张先生驾驶他的迈腾汽车在高速公路上行驶时，感觉到车轮跳动和摆振、方向盘振动，影响到了汽车的平顺和舒适。他将车辆开到4S店进行维修。如果你是4S店维修技师，你应该对车辆做什么检测？

相关知识

一、车轮平衡概念

车轮的平衡有两种，即车轮动平衡和车轮静平衡。

车轮是由轮毂、轮胎和气门嘴等部件组成，当车轮出现偏心，或者因制造上的原因，这些部件整体质量无法完全分布均匀，车轮在高速旋转时由于存在离心力就会造成不平衡状态，出现车轮抖动、方向盘震动的现象。为了避免或消除这种现象，就要使车轮在动态情况下通过增加配重(平衡块)的方法，校正各边缘部分的平衡，这个校正的过程就是人们常说的动平衡。

车轮静平衡是相对于车轮动平衡而言的，当车轮的重心与旋转轴心在同一线上，停止转动时的位置不一样，则是车轮静平衡；如果一个车轮每次停止转动时的位置都是相同的，则是车轮静不平衡，静不平衡的车轮重心与旋转轴心不在同一条线上。

由于动平衡的车轮肯定是静平衡的，因此对车轮的检测只需做动不平衡检测。

二、车轮不平衡的现象及原因

1. 车轮不平衡的现象

车轮的不平衡现象一般情况会出现以下几种。

(1) 汽车行驶中，车轮出现有规律的跳动，方向盘发抖或转向沉重。
(2) 汽车处于某一车速时出现共振。
(3) 车轮失衡比较严重时，轮胎因为不正常的横向摆动产生偏磨现象。
(4) 汽车直线行驶时出现向左或向右跑偏的现象。

2. 车轮动不平衡的原因

引起车轮动不平衡的主要原因有如下几个方面。

(1) 轮毂、制动鼓(盘)由于在加工时定位不准，加工误差大；非加工面铸造误差大；热处理变形；使用中变形或磨损不均等。
(2) 轮毂上轮胎螺栓孔分布不均匀，螺栓质量不等。
(3) 轮辋质量分布不均或径向圆跳动、端面圆跳动太大。
(4) 轮胎质量分布不均，尺寸、形状误差大；使用中变形或磨损不均。
(5) 使用翻新轮胎或垫补轮胎。
(6) 制动鼓(盘)与车轮各零部件装配后，车轮整体不平衡质量误差或尺寸误差过大。
(7) 单胎的充气嘴没有与不平衡点标记相隔180°安装，并且装双胎的充气嘴没有按要求相隔180°。
(8) 制动鼓(盘)与车轮各零部件在装配后叠加的不平衡质量或形位偏差太大，打破了之前的平衡状态。

三、汽车车轮动平衡检测设备

汽车车轮动平衡试验采用轮胎平衡机，车轮平衡机种类较多，根据平衡机转轴形式可分为软式车轮平衡机和硬式车轮平衡机。在汽车检测、维修企业，一般使用硬式车轮平衡机进行车轮动平衡试验，硬式车轮平衡机又分为就车式车轮平衡机和离车式车轮动平衡机两种。

1. 就车式车轮平衡机

如图4-17所示，就车式车轮平衡机主要由仪表板、手柄、光电传感器、传感器支架、摩擦轮和驱动电动机等组成。做动平衡试验时，不用拆卸汽车轮胎，在汽车车桥轮胎被顶起离开地面后，将平衡机置于轮胎下方便可以检测汽车轮胎的动不平衡情况。

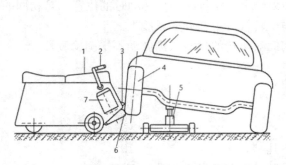 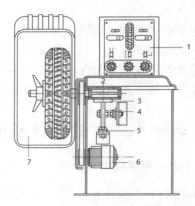

图 4-17　就车式车轮动平衡机工作示意图

1—仪表板；2—手柄；3—光电传感器；
4—被测车轮；5—传感器支架；6—摩擦轮；
7—驱动电动机

图 4-18　卧式离车式车轮动平衡机的组成

1—仪表板；2—主轴；3—应变梁；4—水平传感器；5—垂直传感器；6—驱动电动机；
7—安全罩

2. 离车式车轮动平衡机

根据转轴方向的不同，离车式车轮动平衡机又分为立式和卧式两种。立式离车式车轮动平衡机的传感系统灵敏度较高，可以达到 3g，但是其结构比较复杂，在试验时，车轮的装卸没有卧式离车式车轮动平衡机方便。虽然卧式离车式车轮动平衡机灵敏度没有立式的高，但能满足一般车辆的要求，另外，由于它结构简单，价格相对较低，最大优点就是轮胎装卸方便，因而得到了广大汽车检测与维修企业的青睐。

卧式离车式车轮动平衡机的组成如图 4-18 所示。

四、汽车轮胎动平衡检测标准

《汽车轮胎动平衡试验方法》(GB/T 18505—2013)对轮胎平衡机做了相关规定。对轮胎动平衡检测规定，不平衡量小于 5g。

任务实施

1. 检查动平衡机并开机预热 5 分钟左右。

图 4-19　检查并开机预热

□完成

□未完成，原因：

技术要求：动平衡机应安装牢固，周围无杂物，附件齐全，开机并预热 5 分钟，通电后，显示面板正常。

如图 4-19 所示。

项目四 汽车操纵稳定性检测

2. 清除轮胎胎面上的异物。

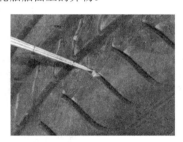

图 4-20　清除轮胎胎面异物

□完成
□未完成，原因：
技术要求：轮胎表面干燥、清洁无油污，轮胎花纹及轮胎间无异物嵌入。
如图 4-20 所示。

3. 拆除轮辋上的旧平衡块。

图 4-21　拆除旧平衡块

□完成
□未完成，原因：
技术要求：拆除轮辋上旧平衡块，检查轮胎磨损状况。
如图 4-21 所示。

4. 检查轮胎气压。

图 4-22　检查轮胎气压

□完成
□未完成，原因：
技术要求：用胎压表检测轮胎气压，轮胎气压应符合原厂规定。
如图 4-22 所示。

5. 安装轮胎。

图 4-23　安装轮胎

□完成
□未完成，原因：
技术要求：根据轮辋中心孔的大小选择合适的锥体，注意锥体的方向(14 英寸以上轮辋装在外侧，反之装在内侧)，装上轮胎后，用快速螺母锁紧。
如图 4-23 所示。

6. 测量并输入检测参数 a。

图 4-24　测量参数 a

图 4-25　输入参数 a

□完成
□未完成，原因：
技术要求：从轮胎平衡机侧面拉出测量尺，测量机箱到轮辋边缘的距离参数 a，如图 4-24 所示。并将参数 a 输入面板中，如图 4-25 所示。

7. 测量并输入检测参数 b。

图 4-26　测量参数 b

图 4-27　输入参数 b

□完成
□未完成，原因：
技术要求：测量时，用卡尺卡住轮辋两侧，读取轮辋宽度参数 b，如图 4-26 所示，并将参数 b 输入到面板中，如图 4-27 所示。

8. 测量并输入检测参数 d。

图 4-28　读取参数 d

图 4-29　输入参数 d

□完成
□未完成，原因：
技术要求：在轮胎侧面找到轮胎规格标识，读取轮辋直径参数 d，如图 4-28 所示。例如，如果轮胎规格标识是 195/65R15，字母 R 后的数值 15 就是轮辋直径参数 d。并将参数 d 输入到面板中，如图 4-29 所示。

9. 开始检测。

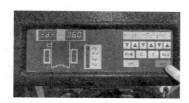

图 4-30　检测过程

☐ 完成

☐ 未完成，原因：

技术要求：按下面板上"START"键开始检测。轮胎旋转过程中，轮胎动平衡机自动采集数据并计算。整个检测过程，不能有外力干扰机器工作，直到车轮自动停转，如图 4-30 所示。

10. 读取检测数据。

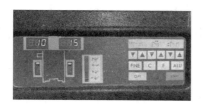

图 4-31　读取检测数据

☐ 完成

☐ 未完成，原因：

技术要求：在显示面板上读取轮胎内外侧的不平衡量。面板上左边显示的是车轮内侧不平衡量，右边显示的是车轮外侧不平衡量，如图 4-31 所示。

11. 确定平衡块安装位置。

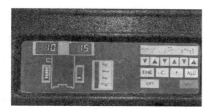

图 4-32　确定平衡块安装位置

☐ 完成

☐ 未完成，原因：

技术要求：通过面板上的"ALU"键选择平衡块安装位置；转动被测轮胎，观察面板上的信号指示灯，当信号指示灯全亮时停止转动，此时轮辋外侧上部最高点即是安装平衡块的位置，如图 4-32 所示。

12. 安装平衡块。

图 4-33　安装平衡块

☐ 完成

☐ 未完成，原因：

技术要求：根据面板上显示的不平衡量数据，选择与不平衡量数据大小一样的平衡块，安装在轮辋外侧最高位置，如图 4-33 所示，轮辋内侧平衡块安装位置及安装方法一样。平衡块安装应牢固可靠。

如图 4-33 所示。

13. 再次检测数据。

图 4-34　动平衡检查结果合格数据显示

☐ 完成

☐ 未完成，原因：

技术要求：重新启动轮胎动平衡机，按上述过程进行重复检测，如果面板数字大于 5，需要再加平衡块或调整平衡块位置，直到面板数值小于或等于 5 时，表明车轮已经处于平衡。如图 4-34 所示。

学习任务评价表

时间：40 min　　小组_____　　姓名_____

评价项目	评价标准	配分	自评		互评	
			等级	得分	等级	得分
素养能力	穿工装，做好劳动保护措施	10				
	遵守纪律，遵守学习场所管理规定，服从安排	10				
	具有安全意识、责任意识、5S 管理意识，注重节约、节能与环保	10				
	具有团队合作意识、注重沟通，能自主学习和相互协作	10				
专业知识与能力	能正确地制定车轮动平衡试验方案	10				
	能使用离车式车轮动平衡机进行轮胎动平衡检测	10				
	能正确地对案例进行评述	10				
	针对车轮动平衡不合格问题，给出维修建议	10				
按时完成	在规定的时间内完成检测项目	20				
个人自评与小组互评得分						
教师反馈						
教师评价						

实际完成时间：_____　　考核教师：_____

备注：评价等级为掌握、基本掌握、没有掌握。

案例回顾与解析

张先生驾驶他的迈腾汽车在高速公路上行驶时，感觉到车轮跳动和摆振、方向盘振动，影响到了汽车的平顺和舒适。他将车辆开到 4S 店进行维修。如果你是 4S 店维修技师，你应该对车辆做什么检测？

当车轮出现动不平衡时，汽车行驶过程中会出现车轮跳动和摆振、方向盘振动、车辆自动跑偏等现象。因此，当汽车出现以上现象时，应对汽车的车轮进行动平衡检测试验。《汽车轮胎动平衡试验方法》(GB/T 18505—2013)对轮胎动平衡检测规定，不平衡量小于 5g。

项目四　汽车操纵稳定性检测

创新与拓展

问题描述	在单人操作车轮动平衡时，为实现车轮安装和装卸时的轻便省力，请对现有车轮动平衡机结构进行优化
创新创效点	
关键技术和主要技术指标	
实现方法或途径	

任务四　四轮定位检测

知识目标

1. 了解四轮定位的相关概念。
2. 了解四轮定位的四个参数。
3. 熟悉四轮定位的设备及相关国家检测要求。
4. 掌握四轮定位的检测方法。

技能目标

1. 能够根据四轮定位的规范完成相关检测作业。
2. 能够分析汽车四轮定位参数对车辆的影响。

素质目标

1. 培养学生安全操作的意识。
2. 培养团队协作精神。

思政导学

一场成就汽车转向柱发展的汽车维修事故

现代汽车的转向柱是斜置的，因此方向盘可转向自如，角度控制非常合适的，但是在 100 多年前，安装方向盘的转向柱却是垂直的，不但操作不方便，还会干扰驾驶者的视

线。1887年的某一天，德国戴姆勒汽车公司的汽车维修人员正在对一辆汽车进行大修。当维修工人把修好的车身吊回装配过程中，吊钩突然滑脱，车身掉下来砸在转向柱上，使转向柱从垂直位置上弯曲了好几度。当一名修理工人试图把弯曲的转向柱矫正过来的时候，意外地发现新的角度使得方向盘操作起来没有那么困难了，并且车前方的视线也比之前好了很多。修理工人的意外发现得到了戴姆勒的奖励，并且很快组织研究人员对方向盘的装配工艺进行了改进。1890年，戴姆勒汽车公司为汽车第一次装上了倾斜式的转向柱和方向盘。后来，世界各国汽车公司纷纷效仿，使方向盘趋于定型，日臻完善。

任务导入

一台一汽大众迈腾，行程5万千米，在一次洗车时，洗车师傅发现前轮轮胎出现异常磨损，车主反映行驶过程中，车辆存在方向跑偏现象，不知道该怎么办，你知道吗？

相关知识

一、汽车四轮定位的基本知识

1. 四轮定位定义

为保证汽车在行驶中的平顺性、安全性与舒适性，汽车转向轮、转向节、车桥与车架之间就必须保证一定的位置关系，这就是前轮定位。前轮定位包括主销后倾角、主销内倾角、前轮外倾角和前轮前束四个参数，而后轮定位包括车轮外倾角和后轮前束。前轮定位和后轮定位总起来说就是四轮定位。

车辆四轮定位的作用是使汽车保持稳定的直线行驶和转向轻便，并减少汽车在行驶中轮胎和转向机件的磨损。

2. 前轮定位参数

汽车前轮定位参数的定义、作用及技术要求如表4-4所示。

表4-4 汽车前轮定位参数的定义、作用及技术要求

序号	参数名称	定义	作用	技术要求
1	主销后倾角	当汽车水平停放时，在汽车的纵向垂面内，主销上部向后倾斜一个角度γ，称为主销后倾角	保证汽车直线行驶时的稳定性，即在动态下车轮有自动回正的作用，并且车速越高，回正作用就越大	γ不宜过大，一般不超过2°～3°。安装时予以保证，一般不可调。主销后倾角如图4-35所示
2	主销内倾角	当汽车水平停放时，在汽车的横向垂直面内，主销轴线与地面垂线的夹角β就是主销内倾角	具有自动回正和转向轻便的作用	β一般不大于8°，设计上予以保证，平时不可调。主销内倾如图4-36所示

续表

序号	参数名称	定义	作用	技术要求
3	前轮外倾角	在汽车的横向平面内，前轮中心平面向外倾斜的角度α就是前轮外倾角	具有提高前轮工作安全性、转向轻便和适应路拱的作用	前轮外倾角不宜过大，否则，轮胎偏磨损严重，α一般为1°左右。设计上予以保证，平时不可调。前轮外倾角如图4-37所示
4	前轮前束	俯视汽车时，汽车的两个前轮旋转平面并不是完全平行的，实际上是前段距离小于后段距离，两者距离之差为前束值	可抵消由于前轮外倾造成车轮向外滚动的趋势，保证汽车沿直线方向纯滚动	一般前束值为0～12mm。普通斜交轮胎前束值为(5±2)mm；子午线轮胎前束值为(4±2)mm。欧洲车一般为负前束。前轮前束如图4-38所示

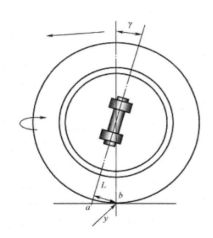

图4-35 主销后倾角

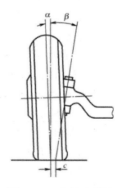

图4-36 主销内倾角

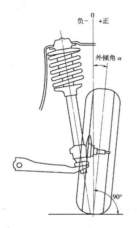

图4-37 前轮外倾角

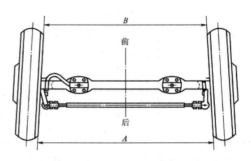

图4-38 前轮前束

3. 主要定位参数对车辆的影响

车轮外倾角、主销后倾角与前轮前束值对车辆的影响很大，具体如表 4-5 所示。

表 4-5 主要定位参数对车辆的影响

序号	定位角参数	影响	调整方式	注意事项
1	车轮外倾角	正外倾角太大的影响： ①轮胎外侧单边磨损； ②悬挂系统零件磨损加速； ③车辆会朝着正外倾角较大的一侧跑偏。 负外倾角太大的影响： ①轮胎里侧单边磨损 ②悬挂系统零件磨损加速； ③车辆会朝着负外倾角较小的一侧跑偏	①垫片； ②支柱旋转； ③球头旋转； ④长孔； ⑤调整轴承； ⑥偏心凸轮； ⑦偏心螺栓； ⑧偏心衬套； ⑨偏心球头	改变外倾角的方向，如果增加车架上的垫片，则控制臂向外移动，改变外倾角向正的方向增大
2	主销后倾角	①主销后倾角太小造成不稳定，转向后方向盘自动回正能力差，车速快时发飘； ②主销后倾角不对称造成跑偏，左右两轮的主销后倾角不相等，超过 0.5°时车辆出现跑偏，跑偏方向朝向主销后倾角较小的一侧	①垫片； ②支柱旋转； ③长孔； ④支柱杆； ⑤偏心凸轮； ⑥引擎托架移动； ⑦偏心球头	主销后倾角的角度不会影响轮胎磨损，它是用来稳定行车方向和转向时方向盘能自动回正，角度小的转向容易，角度大的转向相对较难
3	前轮前束	正前束太大造成轮胎外侧快速磨损： ①对子午线胎，会有类似正外倾角太大所形成的磨损形态； ②磨损形式为锯齿状或块状； ③当用手由轮胎内侧向外侧抚摸，胎纹内缘有锐利的感觉。 正前束太大造成转向不稳定： ①直行性差； ②车轮发抖。 正前束太大造成轮胎内侧快速磨损： ①对子午线胎，会有类似负外倾角太大所形成的磨损形态； ②磨损形式为锯齿状或块状 ③当用手由轮胎外侧向内侧抚摸，胎纹内缘有锐利的感觉	前轮前束调整： 横拉杆调整 后轮前束调整： ①垫片； ②长孔； ③偏心螺栓； ④偏心衬套； ⑤偏心凸轮； ⑥原厂调整器	转向前展(反前束)是转向时前面两轮的转向角差。转向前展的角度就像内倾角和包容角一样，最主要的是诊断检查车辆的转向能力。测量时单面车轮转动 20°，左右两边分开测量

四轮定位是汽车综合性能检测的重要项目之一，其标准参数都是由汽车制造企业在车辆的设计制造时就已经确定，并在出厂之前对车辆做过准确调校。车辆在长期使用中，会

出现零部件松动、磨损、拆装等问题，从而导致车辆四轮定位参数的变化，引发转向沉重、车辆自动跑偏、方向盘抖动以及轮胎异常磨损等现象，危害行车安全。

一般而言，当车辆出现下列情况时，就需要对车辆进行四轮定位检测和调整。

(1) 直行时车辆向左或向右自动跑偏。
(2) 车辆直行时方向盘无法自动回正。
(3) 车辆行驶中，感觉车辆飘浮或摇摆不定。
(4) 前轮或后轮单边磨损等不正常磨损。
(5) 更换横拉杆、平衡杆或三角摆臂后等。
(6) 车辆发生碰撞事故维修后。
(7) 更换新的悬架或转向及有关配件后。

二、四轮定位仪

四轮定位仪是用于检测汽车车轮定位参数，并与原厂设计参数进行对比，指导使用者对车轮定位参数进行相应调整，使其符合原设计要求，以达到理想的汽车行驶性能，即操纵轻便、行驶稳定可靠。

四轮定位仪主要分为两大类，一是普通型机械或光学仪表，如光学投影式定位仪、气泡水准式定位仪，这类定位仪一般测量精度不高，且只用于前轮定位；二是电脑式定位仪，如 3D 影像式、拉线式、PSD 式等，这类定位仪可以同时进行四轮定位，其工作原理是应用精密传感技术和计算机技术，装在车轮上的传感设备目标靶将车轮各定位角的位置关系转换成电信号传入微机进行处理、分析和判断，最后由显示器显示和打印机打印输出。

以米勒 3D 四轮定位仪为例，如图 4-39 所示，米勒 3D 四轮定位仪主要由主机箱、目标靶、显示屏、打印机、检测相机、转角盘、通信系统、刹车锁、方向盘锁等组成，要完成四轮定位，除四轮定位仪外，还需要配套的举升机。子母剪式举升机如图 4-40 所示。米勒 3D 四轮定位仪工作原理是将四个目标反光靶安装在车辆的四个轮辋之上，由相机对目标反光靶上的几何图形进行连续拍摄，通过计算机对几何图形的变化进行分析运算，计算出车轮及底盘等相应的定位参数。

图 4-39 米勒 3D 四轮定位仪

图 4-40 子母剪式举升机

任务实施

1. 准备工作。

图 4-41　固定方向盘

图 4-42　固定制动踏板

图 4-43　车辆正确停放，安装夹具及目标靶

□完成
□未完成，原因：
技术要求：

(1) 车辆的放置：车辆开到举升机上，让车辆的两个前轮刚好落在两个转盘中间，方向盘摆正，用方向盘固定架锁紧，如图 4-41 所示，固定制动踏板，如图 4-42 所示，然后将举升机提升到设定高度并安全锁定。

(2) 汽车处于空负荷，胎压符合要求，轮胎平衡性良好，轮毂不变形。

(3) 确保汽车的悬挂系统未被撞击或损坏，连接球头不太松动。

(4) 安装目标靶及夹具：把目标靶装在夹具上，目标靶与夹具之间要贴紧没有缝隙，拧紧螺钉固定目标靶，四个目标靶位置不可互换，且处于垂直状态，夹具紧紧地攀附在车轮上，并用防护绳做好保护工作，如图 4-43 所示。

2. 启动并进入检测系统。

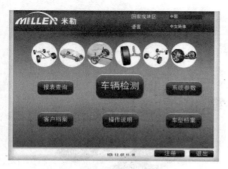

图 4-44　系统初始化"界面"

□完成
□未完成，原因：
技术要求：检查所有接口，确保都已正确连接好，再将电源线连接好，按下主机计算机和显示器电源按钮，这时计算机开始启动，并进入 3D 定位仪系统。如图 4-44 所示。

3. 车辆目视检查。

图 4-45　进入四轮定位

图 4-46　进入目视检查

□完成
□未完成，原因：
技术要求：单击主界面"车辆检测"进入图 4-45 所示界面。单击"四轮定位"进入图 4-46 所示界面，单击"目视检查"开始定位前检查。
注意：在此页面针对不同级别维修师傅提供不同选择项。
(1)"四轮定位"提供完整的操作步骤。
(2)"快速测量"可放弃车型选择、目视检测等进行操作。
(3)"车辆调整"直接开始调整车辆。

4. 选择添加客户资料。

图 4-47　选择车型

图 4-48　选择、添加客户资料

□完成
□未完成，原因：
技术要求：
(1) 进入"选择车型"，先选择厂家，再选择具体车型，如图 4-47 所示。双击可查看车型数据，各参数的标准数据是一个范围值，页面上显示了参数的最小值、标准值、最大值。
(2) 填入客户名称、车牌号等，也可以根据需要选择性填写，如图 4-48 所示。

5. 选择补偿方式。

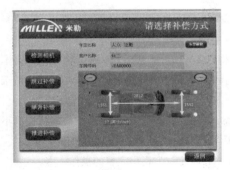

图 4-49　选择补偿方式

☐ 完成
☐ 未完成，原因：

技术要求：如图 4-49 所示，单击"检测相机"开始检查，必须保证四个目标靶均显示在相机内，目标靶图案不可重叠。可通过升、降举升机使目标靶处于相机视野范围内。

6. 主销角度检测。

图 4-50　向左转动方向盘 10°

图 4-51　方向盘回正

☐ 完成
☐ 未完成，原因：

技术要求：单击"主销角度检测"按钮。按屏幕提示分别将方向盘先向左再向右各转动 10°再回正，完成"主销倾角测量"。检测流程如图 4-50 和图 4-51 所示。

注意：方向盘根据屏幕提示回正 0°后要摆正固定，否则会影响前轮前束调整结果。在此检测过程中，单击下方的"检测结果"将跳过主销角度检测。

7. 查看检测结果。

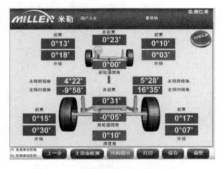

图 4-52　主销角检测完成显示

☐ 完成
☐ 未完成，原因：

技术要求：如图 4-52 所示，显示了所有定位参数的检测结果，在此可对车辆的实际状况做整体诊断，有目的地对车辆进行有效调整。单击"调整"按钮后便可开始调整。

8. 调整。

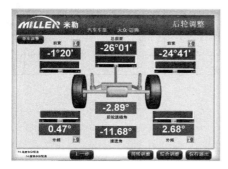

图 4-53　后轮调整

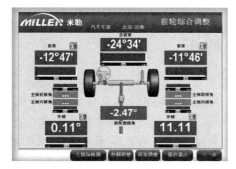

图 4-54　前轮调整

□完成

□未完成，原因：

技术要求：先做后轮调整再做前轮调整。

(1)后轮调整，如图 4-53 所示，单击"调整"后首先进入此页面对后轮进行调整。需要将测量值调整到给定的标准范围之内。

(2)前轮调整，如图 4-54 所示，单击页面下方"外倾调整""前束调整"可对外倾、前束分别进行调整。调整完成后，单击"保存退出"按钮储存数据。

注意：

(1) 前、后轮调整是四轮定位的关键项目，车辆的调整维修在这里完成。

(2) 车辆调整的顺序规则是：先调后轮，再调前轮。

(3) 后轮先调外倾角，后调前束角。

(4) 前轮先调主销后倾角，再调外倾角，最后调前束角。

(5) 在调整前轮时方向盘一定要摆正。调整过程中，单击任一页面下方所示按钮，如"调整""前轮调整""后轮调整""综合调整""主销角检测""上一步"等均可结束当前操作进入相应项目。

学习任务评价表

时间：40 min　　　　小组＿＿＿＿＿＿　　　　姓名＿＿＿＿＿＿

评价项目	评价标准	配分	自评		互评	
			等级	得分	等级	得分
素养能力	穿工装，做好劳动保护措施	10				
	遵守纪律，遵守学习场所管理规定，服从安排	10				
	具有安全意识、责任意识、5S 管理意识，注重节约、节能与环保	10				
	具有团队合作意识、注重沟通，能自主学习和相互协作	10				
专业知识与能力	理解四轮定位参数对汽车稳定行驶的重要作用	10				
	熟悉四轮定位有关国家检测要求	10				
	掌握四轮定位检测方法	10				
	正确调整四轮定位参数值	10				

续表

评价项目	评价标准	配分	自评		互评	
			等级	得分	等级	得分
按时完成	在规定的时间内完成检测项目	20				
个人自评与小组互评得分						
教师反馈						
教师评价						

实际完成时间：_____　　　　　　考核教师：_____

备注：评价等级为掌握、基本掌握、没有掌握。

案例回顾与解析

一台一汽大众迈腾，行程 5 万千米，在一次洗车时，洗车师傅发现前轮轮胎出现异常磨损，车主反映行驶过程中，车辆存在方向盘跑偏现象，不知道该怎么办，你知道吗？

当四轮定位的各参数变化值超出设计标准范围后，汽车行驶过程中会出现转向沉重、车辆自动跑偏、方向盘抖动以及轮胎异常磨损等现象。因此，当汽车出现以上现象时，应对汽车的车轮进行四轮定位检测，检测标准值需参照各汽车厂家设计标准值。

创新与拓展

问题描述	单人对车辆进行四轮定位操作时，在调整过程中，由于操作人员在车辆下方，看显示屏上的参数变化非常不方便，请对此进行优化，提出解决策略，使操作人员操作时可以很方便地看到显示屏上的参数变化情况
创新创效点	
关键技术和主要技术指标	
实现方法或途径	

任务五　转向盘最大自由转动量检测

知识目标

1. 了解转向盘最大自由转动量的定义。
2. 理解造成转向盘最大自由转动量的原因。
3. 掌握转向盘最大自由转动量的检测流程。

转向操控检测（大车）

技能目标

1. 能够正确使用转向盘最大自由转动量检测设备。
2. 能够对检测结果进行合格性判定。
3. 能够根据评价结果提出维修建议。

素质目标

1. 培养良好的安全与卫生习惯。
2. 培养团队协作精神。

思政导学

智能网联时代的汽车

2021年5月3日，国际汽车工程师学会(SAE International)与国际标准化组织(ISO)共同宣布 J3016_202104《标准道路机动车辆驾驶自动化系统分类与定义》。它将汽车自动化分为六个级别，即第0级：无驾驶自动化；第1级：驾驶辅助；第2级：部分驾驶自动化；第3级：有条件驾驶自动化；第4级：高驾驶自动化；第5级：全驾驶自动化。事实上，根据 SAE 的功能示例说明，汽车达到 L4 级别时，在带有 V2X(V2X 就是车与车(V2V)、车与路(V2R)、车与网(V2)、车与人(V2H)等的互联互通)功能的城市道路区域，或者在特定园区内，汽车能实现自动驾驶。那么汽车的踏板、方向盘也就无须安装。

目前，世界各国对 L4 级以上机动车不安装方向盘存在担忧，美国 NHTSA(美国国家公路交通安全管理局)明确规定转方向盘汽车不准上路；英国对智能交通系统专业人士开展的"无方向盘汽车"调研，绝大多数人表示不支持全自动驾驶车辆上路。但是，随着道路基础设施的完善和自动驾驶技术的精进，相信未来某一天，汽车驾驶将不再依赖于方向盘。

任务导入

某货运公司的一辆东风牌天锦系列冷藏车，在底盘动态检验时，检验员测得方向盘最大自由转动量为 18.5°。请你学习完本节内容后，判定该冷藏车的转向性能是否合格？如不合格，请提出合理的维修建议。

相关知识

一、转向盘最大自由转动量定义

由于转向传动装置各杆件间存在着装配间隙,故转向盘必须先空转一定角度,待消除这些间隙后,转向轮才能转动。转向盘的这一空转角度称为转向盘最大自由转动量。

转向盘最大自由转动量,是指汽车转向轮在保持直线行驶位置静止不动时,轻轻转动转向盘,使转向盘从一侧刚好能带动转向轮,转到另一侧刚好能带动转向轮时转向盘所转过的角度(空转的角度)。

二、转向盘最大自由转动量的影响因素

转向盘最大自由转动量的大小主要与最高设计车速有关,最高设计车速越高,其转向盘最大自由转动量越小。转向盘的自由转动量不能过大,过大会使操纵系统反应迟缓;也不能过小,过小会使路面的反冲作用过大,造成驾驶人驾驶操纵不柔和,容易产生疲劳。随着汽车的使用,转向操纵系统磨损加剧,转向盘最大自由转动量会不断增加,所以应定期对转向盘最大自由转动量进行检测、调整和维护,使其保持在合适的范围之内。

三、转向盘最大自由转动量检测设备

检测转向盘最大自由转动量需使用转向参数测量仪。图 4-55 所示为 LFX-2C 型机动车转向盘转向力-转向角检测仪。它采用了高灵敏度的电子陀螺和高精度的力传感器,以及能够满足快速采集、计算要求的微处理机技术,保证了仪器的高精度和低功耗。它具有体积小、质量轻、安装方便且安装好后没有任何外部连接线、操作十分简单便捷、测量数据准确、重复性好的优点。

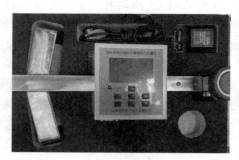

图 4-55 LFX-2C 型机动车转向盘转向力-转向角检测仪

四、转向盘最大自由转动量合格性判定

《机动车安全技术项目和方法》(GB 38900—2020)对部分车型的转向盘最大自由转动量检测提出了强制要求:对大型客车、重中型货车、重中型载货专项作业车、危险货物运输车使用转向角测量仪测量转向盘最大自由转动量。

按照《机动车运行安全技术条件》(GB 7258—2017)中6.4的规定,机动车转向盘最大自由转动量应小于或等于:①最大设计车速大于或等于100km/h的机动车15°;②三轮汽车为35°;③其他机动车为25°。

任务实施

按照以下任务的技术要求,对车辆转向盘最大自由转动量进行检验,并判定结果,如表4-6所示。

表4-6 转向盘最大自由转动量检验报告单

1. 基本信息					
号牌号码		车辆型号		车辆类型	
车辆识别代号(VIN)		最大设计总质量(kg)		驱动形式	
2. 检测设备信息					
检测试验台名称				检定日期	
3. 检验结果					
转向盘最大自由转动量(°)					

1. 车辆准备。

图4-56 车辆准备

☐完成
☐未完成,原因:
技术要求:汽车直线向前行驶,停放在平直干燥和清洁的硬质路面上。
如图4-56所示。

2. 安装转向盘转向力-转向角检测仪。

图4-57 安装检测仪

☐完成
☐未完成,原因:
技术要求:调节伸缩杆,将检测仪的三个卡爪卡在转向盘上,保证检测仪正向安装。
如图4-57所示。

3. 设备调零。

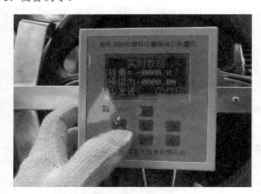

图 4-58　设备调零

□完成
□未完成，原因：
技术要求：打开仪器，待显示数值稳定后按下清零键对数据进行清零，待显示为零后开始测试。
如图 4-58 所示。

4. 右向自由转动量。

图 4-59　右打转向盘

□完成
□未完成，原因：
技术要求：向右轻轻转动转向盘，至有阻力为止，按下清零键。
如图 4-59 所示。

5. 左向自由转动量。

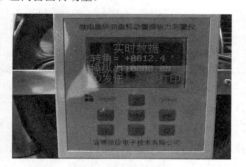

图 4-60　读取最大自由转动量

□完成
□未完成，原因：
技术要求：再向左轻轻转动转向盘，至有阻力为止，读取显示屏上的数值。
如图 4-60 所示。

学习任务考核评价表

时间：30 min　　　　小组_____　　　　姓名_____

评价项目	评价标准	配分	自评 等级	自评 得分	互评 等级	互评 得分
素养能力	穿工装，做好劳动保护措施	10				
	遵守纪律，遵守学习场所管理规定，服从安排	10				
	具有安全意识、责任意识、5S管理意识，注重节约、节能与环保	10				
	具有团队合作意识、注重沟通，能自主学习和相互协作	10				
专业知识与能力	理解转向盘最大自由转动量定义及形成原因	10				
	按照标准流程进行转向盘最大自由转动量检验	10				
	熟悉转向盘最大自由转动量国家标准及对检测结果进行合格性判定	10				
	如转向盘最大自由转动量检验不合格，提出维修建议	10				
按时完成	在规定的时间内完成检测项目	20				
个人自评与总结						
教师反馈						
教师评价						

教师签字：　　　　　　　　　　　日期：

备注：评价等级为掌握、基本掌握、没有掌握。

案例回顾与解析

某货运公司的一辆东风牌天锦系列冷藏车，在底盘动态检验时，检验员测得方向盘最大自由转动量为 18.5°。请你学习完本节内容后，判定该冷藏车的转向性能是否合格？如不合格，请提出合理的维修建议。

1. 不合格判定理由

按照《机动车运行安全技术条件》(GB 7258—2017)中 6.4 的规定，最大设计车速大于或等于 100km/h 的机动车，转向盘最大自由转动量应小于或等于15°。本案例中测得值为18.5°，故判定该车转向性能不合格。

2. 维修建议

转向盘自由转动量过大的原因可能有以下几方面。

(1) 前轮轴承间隙过大。
(2) 各接杆接头松旷。
(3) 转向器指销与蜗杆的啮合间隙过大。
(4) 转向球头与球头座配合松旷。

当转向盘自由转动量过大，应调整球关节间隙或更换球头销、压盖、销座及弹簧，装上螺塞；调整蜗轮蜗杆和轴承的间隙；检查并拧紧各处螺栓；更换偏心轴套；定期对转向系各润滑点加注润滑脂。

创新与拓展

问题描述	请回顾汽车转向的原理，结合轻量化要求，设计出一种无转向器的转向系统
创新创效点	
关键技术和主要技术指标	
实现方法或途径	

汽车操纵稳定性检测

项目五　汽车舒适性与通过性评价

任务一　汽车舒适性评价

知识目标

1. 掌握汽车舒适性的评价指标。
2. 熟悉影响汽车行驶平顺性的因素。

技能目标

1. 能够正确评价汽车的舒适性。
2. 能对舒适性不合格的汽车提出改善建议。

素质目标

1. 养成严谨、科学的工作态度。
2. 具备团结协作精神。

思政导学

让理想飞扬

汽车制造是一项庞大、复杂而精密的工程，而质量永远是企业生存和发展的根本保证。2019年车市整体缩水了近10%，但红旗销量反而暴增到203%。2020年1~8月红旗销量为108 500台，在受疫情影响、车市下滑的背景下，红旗品牌成为逆势增长的一抹亮色。

红旗的口号为"让理想飞扬"，飞扬的理想背后是坚实的技术积累和无数工匠们夜以继日研究的结果。作为红旗新产品，H9身上使用了很多新技术，有很多设计都是首次运用，如由复合材料制造的后弹簧、轻量化的复合材料尾厢盖、镁合金材质的变速箱壳体、碳纤维材质的后车身增强件等，这些元件实现了整车轻量化。H9搭载了双流道的半主动发动机减振器和环保材质的阻尼片，在保证舒适性的同时还能兼顾车内的空气质量，大大提高了整车的舒适性。在NVH开发过程中，红旗H9开展了主动降噪、主动隔振等百余项国际领先NVH技术。在座舱NVH优化上，红旗H9采用45项隔声、吸声措施，进行全覆盖式的车身声学处理，有效地隔绝动力总成噪声、道路噪声和风噪声三大噪声的传递，让用户在舒适安静的座舱内释放疲惫的心灵，缔造专属私人静谧空间。

任务导入

购车时如何才能评价到一辆汽车舒适性的好坏？请学习完本任务后，分小组查阅两款主流车型，从评价舒适性的五个方面对两款车给予舒适性评价，并给出合理的购车建议。

相关知识

汽车的舒适性是指行驶中的汽车对其乘员身心影响程度的评价。影响舒适性的因素,主要有行驶平顺性、噪声、空调调节和居住性等。长期以来,各汽车制造厂家都在积极采取改进措施,以提高汽车的舒适性。对轮胎、悬架进行改进,以减少路面不平对乘员和货物的冲击;降低发动机噪声、采取隔音技术等以减小车内噪声;改善车内换气及温度调节技术,以使车内空气保持清新,温度适宜;尽可能将座椅、方向盘、仪表、操纵杆等合理地布置在有限的空间内,以满足人体工程学的要求。

一、汽车平顺性

汽车的行驶平顺性是指保持汽车在行驶过程中乘员所受的振动和冲击环境在一定舒适度范围内的性能。因此,平顺性主要根据乘员主观感觉的舒适性进行评价。

1. 汽车振动及传递

行驶中的汽车是一个复杂的"振动系统",振动的源头主要是发动机、传动系统、不平路面、轮胎不平衡等,如图5-1所示。虽然经各种减振、隔振系统后振动大大减弱,但仍有一部分会传递到车内,对舒适性造成影响。

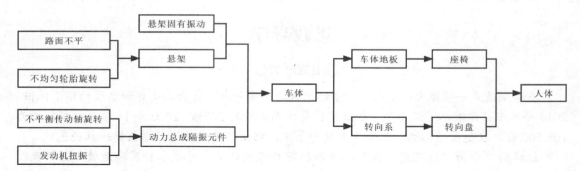

图 5-1 汽车振动及传递路径

2. 汽车行驶平顺性评价指标

当前对汽车振动的评价主要分为两类,即主观评价和客观评价。主观评价方法主要考虑乘员的主观反应,在此基础上进行统计分析并对车辆的平顺性进行评价。该方法存在许多缺点:在评价之前需要根据实际经验进行认真的规划;需要统计上的无偏采样;由于人体自身复杂的心理、生理特性,即使对于相同的振动,不同的评价人员也会有不同的感受,得出的评价结论可能存在较大差别。因此,主观评价方法不容易作出合理的判断。

客观评价方法主要考虑车辆的隔振性能,借助于测量仪器来完成对随机振动数据的采样和记录。在专用数据处理机上对数据进行适当处理后,以机械振动的各物理量(如振幅、频率、加速度等)作为评价指标,并适当考虑人体对振动反应的敏感程度来评价汽车的平顺性。由于客观评价方法排除了人与人之间的差异,并且以量值的概念对汽车的平顺性进行评价,所以这种方法可以比较精确、合理地分析汽车的平顺性。

根据《汽车平顺性试验方法》(GB/T 4970—2009),可用脉冲输入行驶评价和随机输入行驶评价两种方法对汽车的平顺性进行试验。脉冲输入行驶试验方法是利用人为放置的规定尺寸的凸块来制造振动，并测量座椅垫上方、座椅靠背、乘员脚部地板和车厢地板最大加速度与测试车速的关系来评价。随机输入行驶评价方法是让汽车以规定的不同车速匀速驶过试验路段，测量乘员人体及脚部地板处的振动用加权加速度均方根值 $\bar{a}_w$ 来评价，这一指标与人的主观感觉间的关系如表 5-1 所示。

表 5-1　加速度均方根值与人的主观感觉之间的关系

加权加速度均方根值 $\bar{a}_w$ (m/s²)	人的主观感觉
<0.315	没有不舒适
0.315～0.65	有一些不舒适
0.5～1.0	相当不舒适
0.8～1.6	不舒适
1.25～2.5	很不舒适
>2.0	极不舒适

3. 平顺性的影响因素

影响汽车平顺性的主要因素包括结构因素、使用因素和驾驶技术因素。其中悬架结构、轮胎、非悬架质量和"人体—座椅"系统的参数选择等结构因素是最重要的因素。

1) 悬架结构

悬架结构影响平顺性的主要因素有三个：弹簧刚度 K、悬架弹性特性、减振器阻尼系数 C。弹簧刚度 K 决定的悬架系统固有频率 f_0 对平顺性影响最大，降低 f_0 可以明显减小车身加速度，这是改善平顺性的一个基本措施。但随着 f_0 降低，动挠度 f_d 增大，限位行程 $[f_d]$ 也就必须与 f_0 成反比而相应增大。但 $[f_d]$ 受结构布置限制，不能太大，所以降低 f_0 是有限度的。

表 5-2 是目前大多数汽车悬架系统的固有频率 f_0、静挠度 f_s、限位行程 $[f_d]$ 的实用范围。

表 5-2　悬架系统 f_0、f_s、$[f_d]$ 的实用范围

车型	固有频率 f_0	静挠度 f_s	限位行程 $[f_d]$
轿车	1.2～1.1	15～30	7～9
货车	2～1.5	6～11	6～9
大货车	1.8～1.2	7～15	5～8
越野汽车	2～1.3	6～13	7～13

2) 轮胎

轮胎对行驶平顺性的影响取决于轮胎的径向刚度、轮胎的展平力以及轮胎内摩擦所引起的阻尼作用。为了提高汽车行驶平顺性，轮胎径向高度应尽可能减小。在采用足够软的悬架的情况下，在相当大的行驶速度范围内，低频共振的可能性完全可以消除。但轮胎刚度过低，会增加车轮的侧向偏离，影响稳定性，同时，还会使滚动阻力增加，轮胎寿命降低。

3) 非悬挂质量

非悬挂质量的振动对悬挂质量振动加速度有较显著的影响，减小非悬挂质量，可以减小传给悬挂质量(即车身)的冲击力。

减小非悬挂质量可降低车身的振动频率、增大车轮的振动频率，这样就使低频共振与

高频共振区域的振动减小,而将高频共振移向更高的行驶速度,对保持行驶平顺性有利。减小非悬挂质量还将引起高频振动的相对阻尼系数增加,因而减振器所吸收的能量减少,工作条件可以获得改善。非悬挂质量可因悬架导向装置型式而改变,采用独立悬架,可使非悬挂质量减小。

常用非悬挂质量与悬挂质量之比 m/M 评价非悬挂质量对行驶平顺性的影响。比值越小,行驶平顺性越好。对于现代轿车而言,其值在 10.5%～14.5% 之间。

4) "人体—座椅"系统的参数选择

为了改善汽车平顺性,使传至人体的振动比较小,在选择"人体—座椅"系统参数时,首先要保证人体垂直方向最敏感的频率范围 4～12.5Hz 处于减振区(在 4～8Hz 频率范围,人的内脏器官产生共振;在 8～12.5Hz 频率范围,对人的脊椎系统影响很大),水平前后与左右方向最敏感的频率范围是 0.5～2Hz。大约在 3Hz 以下,人体对水平振动比对垂直振动更敏感,且汽车车身部分系统在此频率范围内产生共振,故应对水平振动给予充分重视。

总之,影响行驶平顺性的结构参数很多,且关系错综复杂,必须对这些参数进行综合分析,以便正确选择参数,提高汽车行驶的平顺性。

二、噪声

车内噪声过大会影响乘员的舒适性,目前暂时还没有针对在用车车内噪声的强制性标准,因此车内噪声问题也没有受到众多国内汽车厂商的重视。与汽车噪声相关的现行标准主要为《声学 汽车车内噪声测量方法》(GB/T 18697—2002)。《机动车运行安全技术条件》(GB 7258—2017)中对于车内噪声有所规定,但仅规定汽车(纯电动汽车、燃料电池汽车和低速汽车除外)驾驶员耳旁噪声声级应不大于 90 dB(A)。《机动车安全技术检验项目和方法》(GB 38900—2020)取消了在用机动车车内噪声检测项目。作为汽车舒适性的评价项目之一,我们必须了解噪声的来源。

汽车的噪声源有多种,如发动机、变速器、驱动桥、传动轴、轮胎、喇叭、音响等都会产生噪声。这些噪声有些是被动产生的,有些是主动发生的(如人为按喇叭),但是主要来源只有两个方面,一个是发动机,另一个是轮胎,它们都是被动发生的,只要车辆行驶就会产生这两个方面的噪声。

三、汽车空气调节性能

1. 概述

汽车空气调节性能是影响汽车舒适性的重要因素之一。汽车空气调节包括制冷、采暖、通风、除霜、空气净化等内容。这与普通建筑物空气调节系统并无本质区别,但由于汽车是一种"移动房间",所以它的使用条件比普通建筑物更严酷,因而要求汽车空气调节系统具有更高的性能。其特点如下。

(1) 因车室内空间小,乘员多,所以要求有更大的换气量。

(2) 汽车使用条件(运行状况)和所处环境急剧变化,且变化幅度大,随机性强,故要求有快速制冷和快速采暖能力。

(3) 为使驾驶员前方保持清晰的视野,汽车前窗玻璃应具有除霜功能。

(4) 在提高汽车空气调节性能的同时，强调不降低或少降低汽车动力性，并尽可能地减少燃油消耗。

(5) 追求运行可靠、操作自动化、低制造成本、维修简便。

汽车空调系统基本功能如表 5-3 所示。

表 5-3 汽车空调系统基本功能

参　　数	功能要求
温度	快速冷却、怠速冷却、温度分布、双层、区域调节、温度调节(外部空气、内部空气、日光补偿)、快速升温
湿度	湿度调节(湿度传感器)、增湿、减湿
气流速度	气流连续控制，多通风口，无噪声运行，正面气流速度(通风)，冷却调节，摆动式百叶窗
辐射(日光)	(日光补偿)区域调节(点调节)
气味灰尘(通风量)	气味调节、负离子调节、外界空气进入、内部循环空气、灰尘自动调节、通风
运行性能	冷却能力调节，需求响应(运行申请模式、运行 A/C 联合模式)，节能控制，燃油经济性，振动小
舒适(疲劳)	舒适，噪声低，增湿(避免眼睛、喉咙、鼻子干燥)
操作性	易于操作(位置、操作力大小、简便、外形)，模式转换调节，模式指示(显示)，手动和自动转换(动力操作)
视界范围视觉识别	自动除霜、除雾、气帘、模式指示(操作指示)

2. 汽车空气调节评价

对汽车空气调节性能的评价，通常是由乘员和驾驶员对车室内的温度、湿度、空气流速、空气压力、气味、空气洁净度，甚至包括噪声和振动等指标的感受和反映来决定的。研究表明，从影响空气调节性的能重要性角度的出发，温度、湿度和空气流速三个因素最重要。同时，对于一个给定的空调车室，每个人对上述三种因素组合的某种状况感受和反映并不一致，这又与每个人的年龄、性别、民族、衣着、个人活动量、身体素质以及季节、昼夜等因素有关。总之，舒适感是由很多因素综合作用效果决定的，准确定量地描述人体对空气调节性能的感受和反应是非常困难的。

四、汽车的居住性

汽车的居住性主要是指合理分配车内空间，使其适应人体特征的要求，使驾驶员和乘员经过长时间行驶而不感到疲劳。

1. 乘员的居住性

由于汽车的外形尺寸有限，要给乘员提供宽敞的车内空间，一方面要在尺寸有限的车厢内设计出必要的居住空间；另一方面是要合理安排居住空间的格局，更有效地发挥有限居住空间的功效。

汽车室内容积的确定应考虑人体尺寸。首先考虑适于各种坐姿以及供身体转动的足够空间，还要考虑不致因振动而令乘客触及车内装备件而受伤等，由这些因素决定车内空间的长、宽、高度尺寸。在汽车横截面积不变的情况下，采用发动机前置前轮驱动以及减少轮胎装置空间等方式可以扩大室内有效空间。加大车室前后玻璃窗倾角会使人感到车顶棚前沿逼近眼前，室内空间狭窄，撞车时头部也容易发生挫伤。而采用曲面玻璃既扩大了肩部空间，又消除了轿车后座椅显得过于狭窄的缺陷。

舒适的座椅，首先是其长、宽、高等基本尺寸与人体相适应，能按照乘员的体形和坐姿进行尺寸调整。对于大量生产的汽车，一般能做到的是座椅靠背的倾角可在一定范围内调整(一般为 3°～8°)。长途客车的座椅靠背要求可以倾斜到 25°以上，以便乘客休息。椅背的结构采用头枕式，可以提高舒适性。要想进一步提高座椅的舒适性，还须对座椅的振动特性进行测试，使其共振频率避开人体和悬架的共振频率。另外，座椅蒙皮的触感、室内装饰的色彩、乘员的视野等也影响居住性。

2. 驾驶员的居住性

要使驾驶员长时间驾驶而不感到过分疲劳，除上述因素之外，还应满足下列条件。
(1) 各类操纵机构布置应合理，便于操作。
(2) 各类操纵机构所需要的操作力要适度。
(3) 驾驶员座椅高度、前后位置能适当调整，以便驾驶员能获得与各操纵机构相协调的位置和舒适的坐姿。
(4) 良好的视野，以便于获取道路、信号标志和周围环境等必要的外部信息。
(5) 易于辨认的仪表和警示灯等，以便及时获取汽车各装置工作、行驶状况等信息。

学习任务评价表

时间：40 min　　　小组_____　　　姓名_____

评价项目	评价标准	配分	自评		互评	
			等级	得分	等级	得分
素养能力	主动学习并完成预习内容	10				
	遵守纪律，遵守学习场所管理规定	10				
	具有良好的表达能力，善于总结	10				
	具有创新思维，完成拓展部分任务	10				
专业知识与能力	掌握了汽车舒适性的评价指标	10				
	能说出影响汽车行驶平顺性的因素	10				
	能说出汽车噪声的来源及影响因素	10				
	能对舒适性提出改善建议	10				
按时完成	在规定的时间内完成学习内容	20				
个人自评与小组互评得分						
教师反馈						
教师评价						

实际完成时间：_____　　　考核教师：_____

备注：评价等级为掌握、基本掌握、没有掌握。

案例回顾与解析

购车时如何才能评价一辆汽车舒适性的好坏？请学习完本任务后，分小组查阅两款主流车型，从评价舒适性的五个方面对两款车给予舒适性评价。

结合市面上主流的两款中大型 SUV——奥迪 Q7 2016 款 45 TFSI 与宝马 X5 2015 款 2.0T，对它们从噪声、居住性、悬架、轮胎和空气调节这五个方面进行汽车舒适性评价，具体数值与评价结果见表 5-4。

表 5-4 两款汽车舒适性对比评价

评价项目	奥迪 Q7 2016 款 45 TFSI 技术型 (官方指导价 84.78 万元)	宝马 X5 2015 款 2.0T (官方指导价 75.8 万元)
静音测试	实测噪声值 怠速 37.7 分贝 60km/h 55.4 分贝 80km/h 57.2 分贝 120km/h 60.4 分贝	实测噪声值 怠速 38.1 分贝 60km/h 59.1 分贝 80km/h 60.3 分贝 120km/h 65.3 分贝
车内空间	前排高度 1020 mm，后排高度 960 mm；后排腿部空间最小 655~最大 895mm；前排腿部空间最小 880~最大 1030mm；前排宽度 1580 mm，后排宽度 1570 mm	前排高度 970 mm，后排高度 950 mm；后排腿部空间最小 620~最大 850mm；前排腿部空间最小 860~最大 1035mm；前排宽度 1575 mm，后排宽度 1535 mm
悬架	空气悬架系统是选装项，非标配。如非空气悬架，则减振器的软硬度和悬架高低无法调节	悬架系统为前悬架双叉臂式独立悬挂、后悬架多连杆式独立悬架。被动悬架，无法对路面情况进行主动调节
轮胎	255/55/R19	255/55/R18
	奥迪 Q7 45 TFSI 相比宝马 X5 2.0T 轮辋尺寸更大，大尺寸轮毂一般与低扁平率轮胎配合，使得整个车轮具有较高的侧偏刚度，可提高操控灵敏度。但两款车的轮胎高宽比一样，轮辋尺寸越大，侧偏刚度越大，提高操控性的同时会对舒适性造成一定影响	
空气调节	自动空调；后排独立空调；温度分区控制。无车载空气净化器、PM2.5 过滤装置、负离子发生器	自动空调；后排独立空调为选配；温度双区控制。无车载空气净化器、PM2.5 过滤装置、负离子发生器

创新与拓展

问题描述	请基于一辆低配版本的车辆，分析已有舒适性的装置，再提出一种改善舒适性的方案
创新创效点	
关键技术和主要技术指标	
实现方法或途径	

任务二　汽车通过性评价

知识目标

1. 掌握汽车通过性的评价指标。
2. 理解影响汽车通过性的主要因素。

技能目标

1. 能够对汽车的通过性进行正确评价。
2. 能够从多个方面说明影响汽车通过性的因素。

素质目标

1. 养成严谨、科学的职业精神。
2. 具备团结协作精神。

项目五　汽车舒适性与通过性评价

思政导学

我国完全自主知识产权军车

"东风猛士"是东风汽车集团股份有限公司下属东风越野车有限公司生产的一款主要供军事用途的越野型载货汽车，其外形与美国的悍马汽车相似，但在性能方面比悍马更胜一筹。"东风猛士"1.5t级高机动性军用越野汽车是我军第一个第三代高机动性轮式战术车辆，该系列车型的研制历时六年多，拥有完全自主知识产权，体现出了非凡的高机动性、优异的战场适应性、良好的安全适应性，适应于全地域、全天候作战要求，整车战术、技术性能达到国际同类军车先进水平。

"东风猛士"拥有近70°接近角，离去角45°，纵向通过角31.5°，最小离地间隙达到410mm，理论爬坡度能达到100%。该车采用了目前较为先进的独立悬架结构，前后均为双横臂螺旋弹簧独立悬架，可以适应更大地面落差，加大轮胎面与起伏路面的附着概率，增加了汽车的越野能力。

任务导入

小刘是资深的汽车销售人员，某客户想要一辆用于沙漠和山地越野的车辆，小刘应该从哪些方面给客户介绍目标车辆呢？请你列举一些目标车辆。

相关知识

汽车的通过性又称越野性，是指汽车能以足够高的平均车速通过各种坏路及无路地带的能力。如通过松软地面(松软的土壤、沙漠、雪地、沼泽地)、坎坷不平地段和各种障碍(陆坡、侧坡、壕沟、台阶)等。尤其是军用、农用、工地及林区使用的汽车，要求有良好的通过性。汽车通过性能的主要参数是汽车的几何参数及支承和牵引参数，同时也与汽车的动力性、平顺性、驾驶视野等密切相关。汽车的通过性不仅影响汽车的运输生产率，而且直接决定着汽车能否开展运输工作。

根据地面对汽车通过性影响的原因，分为几何通过性和支承通过性。

一、汽车通过性几何参数

由于汽车与不规则地面之间的间隙不足，被地面托住而无法通过的现象，称为间隙失效。与间隙失效有关的汽车整车几何尺寸，称为汽车通过性的几何参数，包括最小离地间隙(h)、接近角(γ_1)、离去角(γ_2)、纵向通过角(β)、最小转弯半径(R_{min})、车轮半径(r)、转变通道圆等。

1. 最小离地间

最小离地间隙是指汽车在满载、静止时，除车轮外的最低点与支承平面之间的距离，如图5-2所示。它表征了汽车无碰撞地越过石块、树桩等障碍物的能力。汽车的发动机机油底壳、驱动桥壳或前悬架的下摆臂等部位通常有较小的离地间隙。

图 5-2　最小离地间隙

2. 接近角与离去角

接近角和离去角是指汽车在满载、静止时，其前、后端凸出点分别向前、后轮引切线时，切线与支承面之间的夹角，如图 5-3 所示。它反映了汽车接近或离开障碍物时，不发生碰撞的能力。接近角越大，越不易发生触头失效；离去角越大，越不易发生托尾失效。

图 5-3　接近角与离去角

3. 纵向通过角

纵向通过角是指汽车在满载、静止时，分别通过前、后轮外缘作垂直于汽车纵向对称平面的切平面，当两切平面交于车底下部较低部位时所夹的最小锐角，如图 5-4 所示。它表征了汽车能够无碰撞地通过小丘、拱桥等障碍物的轮廓尺寸。纵向通过角越大，顶起失效的可能性越小，汽车的通过性就越好。

图 5-4　纵向通过角

4. 最小转弯半径

最小转弯半径是指当方向盘转到极限位置，汽车以最低稳定车速转向行驶时，外侧转向轮的中心平面在支承平面上滚过的轨迹圆半径，如图 5-5 所示。它在很大程度上表征了汽车通过狭窄弯曲地带或绕过不可越过的障碍物的能力。转弯半径越小，汽车的机动性能越好。

项目五 汽车舒适性与通过性评价

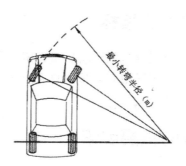

图 5-5 最小转弯半径

5. 车轮半径

汽车克服垂直障碍物如台阶、壕沟等的能力与车轮半径有关，同时还与路面的附着力和障碍物的性质有关。对于后轮驱动汽车，能克服的垂直障碍物的最大高度 $H≈2r/3$，如图 5-6(a)所示；对应双轴驱动汽车为 $H≈r$，如图 5-6(b)所示。若壕沟边缘足够结实，单轴驱动汽车所能越过的壕沟最大宽度 $B≈r$；对应双轴驱动汽车为 $B≈1.2r$，如图 5-6(c)所示。因此，车轮半径越大，汽车翻越台阶和壕沟的通过性就越好。

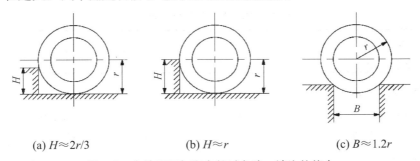

(a) $H≈2r/3$ (b) $H≈r$ (c) $B≈1.2r$

图 5-6 车轮半径与汽车越过台阶、壕沟的能力

6. 转弯通道圆

转弯通道圆，是汽车方向盘转到极限位置行驶时，汽车上所有各点在车辆支承平面(一般就是地面)上的投影所形成的两个圆，如图 5-7 所示。通道宽度是指转弯通道外圆与内圆半径的差值。显然，这个通道宽度越小，汽车的机动性就越好。

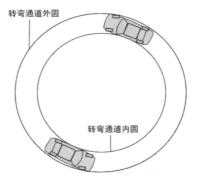

图 5-7 转弯通道圆

二、汽车支承通过性评价指标

汽车支承通过性的主要评价指标包括附着质量、附着系数及车轮接地比压。附着质量是指轮式车辆驱动轴载质量，则车辆附着质量与总质量之比，称为附着质量系数。车轮接地比压是指车轮对地面的单位压力。

三、影响汽车通过性的主要因素

1. 汽车的最大单位驱动力

由于汽车越野行驶的阻力很大，为了充分利用地面提供的挂钩牵引力，保证汽车通过性，除了减少行驶阻力外，还必须增加汽车的最大单位驱动力。

2. 行驶速度

当汽车低速行驶时，土壤剪切和车轮滑转的倾向减少。因此，用低速行驶克服困难地段，可改善汽车的通过性。为此，越野汽车传动系最大总传动比一般比较大。越野汽车最低稳定车速可按表 5-5 选取，其值随汽车总质量而定。

表 5-5 越野汽车的最低稳定车速

汽车总质量/kN	<19.6	<63.7	<78.4	>78.4
最低稳定车速/(km/h)	≤5	≤2~3	≤1.5~2.5	≤0.5~1

3. 汽车车轮

车轮对汽车通过性有决定性影响，为了提高汽车的通过性，必须正确选择轮胎的花纹尺寸、结构参数、气压等，使汽车行驶滚动阻力较小、附着能力较大。

1) 轮胎花纹

轮胎花纹对附着系数有很大影响。正确地选择轮胎花纹，对提高汽车在一定类型地面上的通过性有很大作用。越野汽车的轮胎具有宽而深的花纹；当汽车在湿路面上行驶时，由于只有花纹的凸起部分与地面接触，使轮胎对地面有较高的单位压力，足以挤出水层；而在松软地面上行驶时，轮胎下陷，嵌入土壤的花纹凸起的数目增加，与地面接触面积及土壤剪切面积都迅速增加，因而同样能保证有较好的附着性能。

2) 轮胎宽度与直径

当车重一定时，增大轮胎宽度，相当于增加与地面的附着面积(即减小接地比压)，有利于提高附着力。这也是越野车的轮胎宽度比一般城市 SUV 大、性能跑车采用扁平率较小轮胎的原因。且当车重一定时，轮胎跟地的接触面积越大，接地比压就越小，轮胎辙深度就越浅，汽车行驶的阻力就越小，汽车通过性就越好。

增大轮胎直径同样会减小接地比压，但是也会使惯性增大，导致汽车重心升高，轮胎成本增加，并要采用大传动比的传动系统。因此，大直径轮胎推广使用受到了限制。

3) 轮胎的气压

在松软地面上行驶的汽车，应相应地降低轮胎的气压，以增大轮胎与地面的接触面积，降低接地比压，从而减小轮胎在松软地面的沉陷量及滚动阻力，提高土壤推力。轮胎气压降低时，虽然土壤的压实阻力减小，但却使轮胎本身的迟滞损失增加。所以，在一定的地面上有一个最小地面阻力的轮胎气压。实际上，轮胎气压应比该气压略高 19.2～29.4kPa。此时，地面阻力虽稍有增加，但由于在潮湿地面上的附着系数将有较大的提高，从而可改善汽车的通过性。

  4) 前轮距与后轮距

当汽车在松软地面上行驶时，各车轮都需克服形成轮辙的阻力(滚动阻力)。如果汽车前轮距与后轮距相等，并有相同的轮胎宽度，则前轮辙与后轮辙重合，后轮就可沿被前轮压实的轮辙行驶，使汽车总滚动阻力减小，提高汽车通过性。所以，多数越野汽车的前轮距与后轮距相等。

  5) 驱动轮数目

增加驱动轮数目，增加汽车的相对附着质量，增加驱动轮胎与地面的接触面积，能充分利用其驱动力，因此越野汽车均采用全轮驱动。

4. 液力传动

装有液力变矩器或液力偶合器的汽车可以提高在松软路面上的通过能力。液力传动的汽车能维持长时间稳定的低速行驶，可以避免机械式有级变速汽车在坏路面上行驶时所产生的问题，即在换挡时动力中断，惯性力不足以克服较大的行驶阻力，从而导致停车；重新起步，又有可能引起土壤破坏而使起步困难。

5. 差速器

为了避免普通锥齿轮差速器在附着力系数低的路面出现打滑现象，某些越野汽车上装有差速锁，以便必要时能锁止差速器。

6. 悬架

独立悬架和平衡式悬架允许车轮与车架间有较大的相对位移，使驱动车轮与地面经常保持接触，以保证有较好的附着性能。同时独立悬架可显著地提高汽车的最小离地间隙，从而提高汽车的通过性。

除以上因素以外，驾驶方法对汽车通过性的发挥也有很大影响。例如在通过沙地、泥泞、雪地等松软地面时，应该用低速挡，以保证车辆有较大的驱动力和较低的行驶速度。在行驶中应避免换挡和加速，并保持直线行驶，因为转弯时将引起前后轮辙不重合，而增加滚动阻力。

学习任务评价表

时间：40 min   小组_____   姓名_____

评价项目	评价标准	配分	自评		互评	
			等级	得分	等级	得分
素养能力	主动学习并完成预习内容	10				
	遵守纪律，遵守学习场所管理规定	10				
	具有良好的表达能力，善于总结	10				
	具有创新思维，完成拓展部分任务	10				

续表

评价项目	评价标准	配分	自评 等级	自评 得分	互评 等级	互评 得分
专业知识与能力	掌握汽车通过性的评价指标	10				
	能说出影响汽车通过性的因素	20				
	能针对车辆通过性提出改善建议	10				
按时完成	在规定的时间内完成学习内容	20				
个人自评与小组互评得分						
教师反馈						
教师评价						

实际完成时间：_____　　　　　　　考核教师：_____

备注：评价等级为掌握、基本掌握、没有掌握。

案例回顾与解析

小刘是资深的汽车销售人员，某客户想购买一辆用于沙漠和山地越野的车辆，小刘应该从哪些方面给客户介绍目标车辆呢？请你列举一些目标车辆。

沙漠和山地越野时，汽车会通过松软的土壤、沙漠、雪地、沼泽地以及不平地段和各种障碍，必须保证车辆的通过性，动力性能、四驱性能以及离地间隙、通过角等参数是否满足越野需求，这些硬条件会非常影响沙漠越野的乐趣和可行性。针对目前市面上不同价位的越野车，对比各自通过性评价项目，如表5-6所示。

表5-6　多种越野车通过性对比

通过性评价项目	奔驰G级 G 500	日产途乐 标准型	路虎卫士 90 p400 XS	丰田普拉多 自动豪华版	Jeep 牧马人 四门版
官方指导价格	182万元	84.18万元	76.80万元	48.9万元	47.98万元
接近角	36°	34.1°	38°	31°	34.8°
离去角	27°	25.9°	41.5°	26°	29.2°
离地间隙	235mm	275mm	220mm	220mm	242mm
纵向通过角	26°	24.1°	28°	20°	23°
轮胎大小	275/55 R19	265/70 R18	255/60 R20	265/65 R17	255/70 R18
最大单位驱动力	最大马力 421PS 最大功率 310kW 最大功率转速 3 750r/min 最大扭矩 610N·m	最大马力 398 PS 最大功率 293kW 最大功率转速 5 800r/min 最大扭矩 555N·m	最大马力 400 PS 最大功率 294kW 最大功率转速 6 500r/min 最大扭矩 550N·m	最大马力 163 PS 最大功率 120kW 最大功率转速 5 200r/min 最大扭矩 246N·m	最大马力 266 PS 最大功率 195.4kW 最大功率转速 5 000r/min 最大扭矩 400N·m
差速器	开放式中央差速器	多片离合器式中央差速器	多片离合器式中央差速器	托森式差速器	多片离合器式中央差速器

续表

通过性评价项目	奔驰 G 级 G 500	日产途乐 标准型	路虎卫士 90 p400 XS	丰田普拉多 自动豪华版	Jeep 牧马人 四门版
悬架	前悬：双叉臂式独立悬挂 后悬：整体桥式非独立悬挂	前悬：双叉臂式独立悬挂 后悬：双叉臂式独立悬挂	前悬：双叉臂式独立悬挂 后悬：多连杆式独立悬挂	前悬：双叉臂式独立悬挂 后悬：整体桥式非独立悬挂	前悬：整体桥式非独立悬挂 后悬：整体桥式非独立悬挂

创新与拓展

问题描述	学习完本任务内容之后，请你根据实训室某一款具体的车做合理改装，使其通过性变好
创新创效点	
关键技术和主要技术指标	
实现方法或途径	

汽车舒适性与通过性评价

项目六　汽车排气污染物检测

任务一　汽油车排气污染物检测

知识目标

1. 了解汽油车主要排气污染物的种类及成因。
2. 熟悉最新执行的检测法规。
3. 掌握汽油车排气污染物评价指标。
4. 熟悉汽油车排气检测流程。
5. 掌握汽油车检测仪器工作原理。

技能目标

1. 能够使用仪器设备对汽油车按照排放法规要求进行检测。
2. 能对检测结果进行合格性判定。
3. 能对不合格汽油车提出维修建议。

素质目标

1. 严格按照汽油车排气污染物检测标准作业，养成严谨、科学的工作态度。
2. 养成良好的安全作业习惯。
3. 严格执行5S现场管理。
4. 具备团结协作精神。

汽车排气污染物检测

思政导学

绿水青山就是金山银山

为了贯彻《中华人民共和国环境保护法》以及《中华人民共和国大气污染防治法》，进一步控制机动车污染物排放，对生态环境造成的不利影响，国家质检总局在2016年年底颁布了《轻型汽车污染物排放限值及测量方法(中国第六阶段)》，即我们经常说的国六排放标准，并于2020年7月1日正式实施。无论是车企还是个人，都必须树立和践行习近平总书记生态文明思想，坚持人与自然和谐共生。坚持节约资源和保护环境的基本国策，像对待生命一样对待生态环境，统筹山水林田湖草系统治理，实行最严格的生态环境保护制度，形成绿色发展方式和生活方式，坚定走生产发展、生活富裕、生态良好的文明发展道路，建设美丽中国，为人民创造良好生产生活环境，为全球生态安全做出贡献。

任务导入

老李的北京现代悦动2011款1.6L汽车平时有点抖，尤其是怠速工况下，恰逢年检了，检测站对该车进行检测后，告知老李环保检测不合格。老李拿到检测报告单(见表6-1)，上面显示在简易瞬态工况法下测得 HC 超标。老李通过网上查询,得知双怠速工况下汽车通过率高,就要求检测站工作人员按双怠速工况重新检测。作为检测工作人员的你,该如何向老李解释不合格理由以及造成检测不合格的原因?

表 6-1 老李汽车环保检测报告单

简易瞬态工况法			
污染物	CO /(g/km)	HC/(g/km)	NO×/(g/km)
检测值	8.5	2.4	1.0

检测结果:不合格

相关知识

一、汽油车排放污染物的成因

汽油车排放物中含有 CO、HC、NO_x、SO_2、CO_2、Pb、PM 等,这些物质对人类和整个生态环境危害极大,其中 CO、HC、NO_x 是主要的有害排放物。由于汽车尾气成分与发动机的工况有直接联系,所以通过汽车尾气的检测可初步分析发动机的工作状况、性能好坏,因此需要检查包括燃烧情况、点火能量、进气效果、供油情况、机械情况等诸多方面。

1. 一氧化碳(CO)

汽车排放污染物中的 CO 是烃燃料的中间产物,当混合气过浓(氧气不足)时,或燃烧室中可燃混合气的分布不均匀,都会导致燃油不能充分燃烧,使得废气中含有一定量的 CO。CO 生成量由空燃比决定,且随着空燃比增大而降低。

2. 碳氢化合物(HC)

HC 是另一种不完全燃烧产物。其生成原因主要是点火正时不对、点火能量不足、可燃混合气过浓或过稀、燃烧室壁温度低等。一般情况下,HC 不会对人们的身体健康造成危害,但它是光化学烟雾的重要成分。

3. 氮氧化合物(NO_x)

废气中氮氧化合物有 95% 是 NO,生成量与三个因素有关:过量空气系数、燃烧温度、反应时间。NO 很容易被氧化成剧毒的 NO_2,HC 与 NO_2 在紫外线的催化作用下进行光化学反应,可生成主要成分为 O_3 的"光化学烟雾"。

4. 行车工况与有害排放物生成关系

行车工况与有害排放物生成关系,如表 6-2 所示。

表 6-2 各工况下的有害排放物

行车工况	有害排放物		原因
暖机工况	CO	HC	混合气浓,温度低
怠速工况	CO	HC	混合气浓,温度低

续表

行车工况		有害排放物			原因
匀速工况	低速			NO_x	混合气稀，温度高
	高速	CO	HC	NO_x(少量)	混合气较浓，而燃烧室温度较低，所以 NO_x 排量较少
加速工况		CO	HC	NO_x	混合气浓，燃烧速度快，燃烧室温度高，NO_x 增加
减速工况		CO	HC		燃烧室内负压使燃烧不好，混合气浓，但温度较低
大负荷工况		CO	HC		混合气特浓

二、汽油车排气污染物检测工况

2019年9月27日，国家质量技术监督局发布了《汽油车污染物排放限值及测量方法(双怠速法及简易工况法)》GB 18285—2018。该标准规定对装配点燃式发动机的汽车进行双怠速法和简易工况法两种检测方法，其中简易工况又包括稳态工况、瞬态工况和简易瞬态工况三种。

检测工况
- 双怠速工况：怠速工况是指汽车发动机最低稳定转速工况，即离合器处于接合位置、变速器处于空挡位置、油门踏板处于完全松开位置。高怠速工况是指用油门踏板将发动机转速加速至额定转速的70%。《汽油车污染物排放限值及测量方法》(GB 18285—2018)将轻型汽车的高怠速转速规定为(2500±200)r/min，重型车的高怠速转速规定为(1800±200)r/min。
- 简易工况
  - 稳态工况：也称加速模拟工况(ASM)，是指车辆预热到规定热状态后，加速至规定车速，根据规定车速时的加速负荷，通过底盘测功台对车辆加载，车辆保持等速运转的工况。
  - 瞬态工况：也称为IM195，是以质量为基础获取发动机瞬态工况排放数值来检测汽车实际排放污染物水平。测定结果以汽车每行驶1km的排放管排放物质量来表达(单位为g/km)。
  - 简易瞬态工况：也称为IG195VMAS，测试工况结合了IM195和ASM的特征，实时测量尾气排放的流量和密度，从而测得车辆排放污染物质量。检测过程涵盖汽车怠速、加速、减速、匀速等工况，经计算机得出车辆每行驶1km每种污染物的排放质量。

以上四种工况各自的特点见表6-3。双怠速工况下测定CO、HC两气体的排气检测手段无法有效地反映汽车排气污染物对大气的污染现状。《汽油车污染物排放限值及测量方法(双怠速法及简易工况法)》(GB 18285—2018)规定，除对无法手动切换两驱驱动模式的全时四驱车和适时四驱等车辆或无法关闭ESP等功能的汽车可以采用双怠速工况法进行检测外，均应按照简易工况法进行检测。

表 6-3　四种检测工况的特点

工况	特点
双怠速工况	双怠速工况法检测时车辆无载荷，不能反映车辆真实的排放情况，检测结果的相关性较差；而且，双怠速工况法检测的是车辆在高、低怠速状态下尾气的排放浓度。其检测数值结果表示的是污染物排放的体积浓度值，且没有氮氧化物的排放情况
稳态工况	稳态工况法最大的特点是试验设备充分简化，可使用在怠速法中广泛使用的直接取样浓度分析仪。但是稳态工况法误判率偏高。而且，该方法得出的测量结果是基于污染物排放浓度而不是排放质量
瞬态工况	瞬态工况法是一种技术含量高的检测方法，但设备费用昂贵，维护比较复杂，对检测人员有较高的要求，目前，国内检测企业很少应用
简易瞬态工况	简易瞬态工况法包含了怠速、加速、匀速和减速工况，能反映车辆实际行驶时的排放特征。而且，与新车检测有高的相关性。准确率高，误判率仅为 5% 以下。最后，该工况下检出的污染物以 g/km 计量，有利于归纳排放因子，估算和统计某城市机动车污染物排放总量，对该城市制定机动车污染控制规划有实际意义

三、汽车排气污染物检测设备与检测原理

汽车排气中的含氧量是装有电控燃油喷射式发动机的汽车计算机监测空燃比、控制排放量及保护三元催化反应器正常工况的重要信号。因此，汽车尾气分析仪需具备检测 O_2 的功能。故除测定 CO、HC 外，还必须测定汽车排气中的 NO_x 和 CO_2。

对于这五种气体成分的浓度通常采用两类方法来测定，一是 CO、CO_2、HC 通过不分光红外线不同波长能量吸收的原理来测定，可获得足够的测试精度；二是 O_2 的浓度通过在测试通道中设置氧传感器即可测定，而 NO_x 的浓度可采用化学发光法的原理进行精确测量。

(一)检测原理

1. 不分光红外线气体分析法检测原理

汽车排气中的 CO、HC、NO 和 CO_2 等气体，均具有吸收一定波长红外线的性质，如图 6-1 所示。

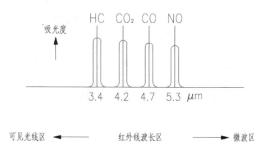

图 6-1　四种气体吸收红外线的情况

红外气体分析仪的测量根据朗伯-比尔定律，其物理意义是当一束平行单色光垂直通过

某一均匀非散射的吸光物质时,其吸光度与吸光物质的浓度及吸收层厚度成正比,如图6-2所示。不分光红外线气体分析法就是根据这一原理,即废气吸收一定波长红外线能量的变化,来检测废气中各种污染物的含量。

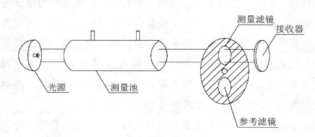

图6-2 红外线气体分析仪工作原理示意图

利用不分光红外线分析法制成的分析仪,既可以制成单独检测CO或HC含量的单项分析仪,也可以制成能测量这两种气体含量的综合分析仪。排气中CO的浓度是直接测量的,而排气中HC的成分非常复杂,因此要把各种HC成分的浓度换算成正己烷的浓度后再作为HC浓度的测量值。

2. 化学发光法检测原理

通过适当的化学物质(如不锈钢或碳化物、钼化物)将排气中的NO_2全部还原成NO。NO与O_3在气态接触时发生化学反应,生成某些激化态的NO_2^*分子,这些激化态的NO_2^*分子衰减到基本态NO_2时会发出波长为0.59~2.5 μm的光量子,其发光强度与排气中存在的NO的质量流量成正比。使用适当波长的光电检测器(如光电二极管)即可根据检测信号强弱换算出NO的含量,这种方法简称CLD法。其工作原理如图6-3所示。

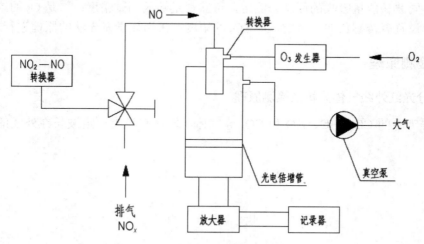

图6-3 CLD法工作原理示意图

(二)检测设备

五气分析仪、底盘测功机、气体流量分析仪、排气取样系统和自动检测控制系统等,如图6-4所示。

项目六　汽车排气污染物检测

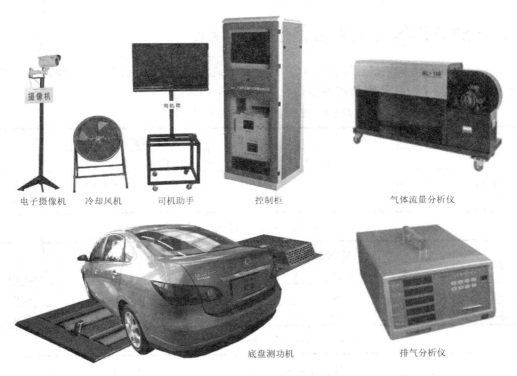

图 6-4　汽车环保检测设备

《汽油车污染物排放限值及测量方法(双怠速法及简易工况法)》(GB 18285—2018)基本技术要求规定：检测设备应由至少能自动测量 HC、CO、CO_2、NO_X、O_2 等五种气体浓度的分析仪器组成，并能根据上述参数的测量结果计算过量空气系数(λ)值。应具有发动机转速和机油温度测量功能，或具有转速和机油温度信号输入端口。

图 6-5 所示为 HORIBA MEXA-584L 型汽车排气分析仪，它由废气排气取样装置、排气分析装置、含量指示装置、校准装置等组成。它多用于双怠速法检测工况的汽车排气污染物的检测。

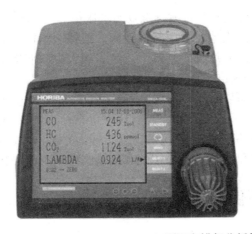

图 6-5　HORIBA MEXA-584L 型汽车排气分析仪

四、汽油车排气污染物合格性判定标准

根据《汽油车污染物排放限值及测量方法(双怠速法及简易工况法)》(GB 18285—2018)，汽车在不同检测工况下的污染物限值如表 6-4～表 6-7 所示。

表 6-4 双怠速法排气污染物排放限值

类别	怠速		高怠速		
	CO/%	HC/10^{-6}	CO/%	HC/10^{-6}	λ
限值 a	0.6	80	0.3	50	1.00±0.05
限值 b	0.4	40	0.3	30	或制造厂规定范围内

表 6-5 稳态工况法排气污染物排放限值

类别	ASM5025			ASM2540		
	CO/%	HC/10^{-6}	NO/10^{-6}	CO/%	HC/10^{-6}	NO/10^{-6}
限值 a	0.50	90	700	0.40	80	650
限值 b	0.35	47	420	0.30	44	390

表 6-6 瞬态工况法排气污染物排放限值

类别	CO /(g/km)	HC+ NO_x /(g/km)
限值 a	3.5	1.5
限值 b	2.8	1.2

表 6-7 简易瞬态工况法排气污染物排放限值

类别	CO /(g/km)	HC/(g/km)	NO_x/(g/km)
限值 a	8.0	1.6	1.3
限值 b	5.0	1.0	0.7

其中，限值 a 与限值 b 的区别如下。

在用汽车排气污染物检测应符合本标准规定的限值 a。对于汽车保有量达到 500 万辆以上，或机动车排放污染物为当地首要空气污染源，或按照法律法规设置低排放控制区的城市，应在充分征求社会各方面意见的基础上，经省级人民政府批准和国务院生态环境主管部门备案后，可提前选用限值 b，但应设置足够的实施过渡期。

从表 6-4～表 6-7 中还可以看出，不同检测工况下汽车排气污染物的评价指标是不同的，双怠速法评价指标为 CO、HC、λ；稳态工况法评价指标为 CO、HC、NO；瞬态工况法评价指标为 CO、HC+ NO_x；简易瞬态工况法评价指标为 CO、HC、NO_x。双怠速和稳态工况污染物单位是体积浓度(%和 10^{-6})，瞬态工况和简易瞬态工况污染物单位是 g/km。

五、在用汽油车环保检验流程

根据《汽油车污染物排放限值及测量方法(双怠速法及简易工况法)》(GB 18285—2018) 6.3.6 与 8.1.1 的规定，除无法手动切换两驱驱动模式的全时四驱车和适时四驱等车辆可以采

用双怠速法外，均实行简易瞬态工况法进行检测。

按照检测站环保检测标准流程，车辆按图 6-6 所示流程进行检测，并填写汽油车检测报告单，如表 6-8 所示。

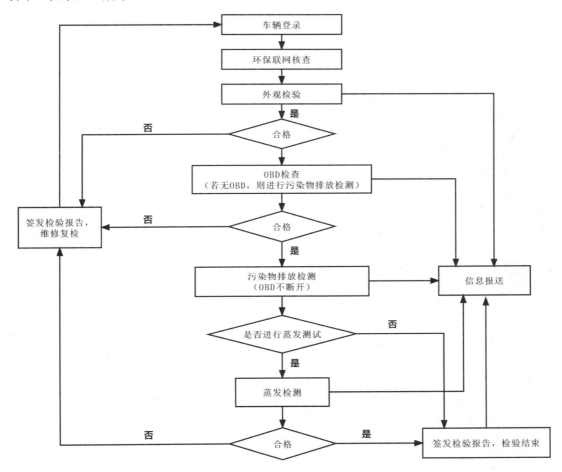

图 6-6　检测站环保检测流程

表 6-8　汽油车检测报告单

1. 基本信息

号牌号码		车辆型号		基准质量/kg	
车辆识别代号(VIN)		最大总质量(kg)		发动机型号	
发动机号码		发动机排量(L)		额定转速/min	
电动机型号		储能装置型号		电池容量	
催化转化器型号		气缸数		座位数/人	
车辆生产企业		车辆出厂日期		累计行驶里程/km	
车主姓名(单位)		联系电话		车牌颜色	
燃料类型		燃油形式		驱动方式	
品牌/型号		变速器形式		使用性质	

续表

初次登记日期		检测方法		OBD	有/无
环境参数					
环境温度/℃		大气压/kPa		相对湿度/%	
检测设备信息					
分析仪生产企业		分析仪名称		分析仪检定日期	
底盘测功机生产企业		底盘测功机型号			
OBD 诊断仪生产企业		OBD 诊断仪型号			

2. 外观检验

检查项目	是	否	备注
车辆机械状况是否良好			
排气污染控制装置是否齐全、正常			否决项目
车辆是否存在烧机油或者严重冒黑烟现象			否决项目
曲轴箱通风系统是否正常			
燃油蒸发控制系统是否正常			否决项目
车上仪表工作是否正常			
有无可能影响安全或引起测试偏差的机械故障			
车辆进、排气系统是否有任何泄漏			
车辆的发动机、变速箱和冷却系统等有无明显的液体渗漏			
是否带 OBD 系统			
轮胎气压是否正常			
轮胎是否干燥、清洁			
是否关闭了车上空调、暖风等附属设备			
是否已经中断车辆上可能影响测试正常进行的功能，如 ASR、ESP、EPC 牵引力控制或自动制动系统等			
车辆油箱和油品是否异常			
是否适合工况法检测			
外观检验结果	□合格　□不合格	检验员：	

3. OBD 检查

OBD 故障指示器	OBD 系统故障指示器	□合格　□不合格
	通信	□通信成功　□通信不成功 通信不成功的，填写以下原因 □接口损坏　□找不到接口 □连接后不能通信
	OBD 系统故障指示器报警	□有　□无
	故障代码及故障信息	故障信息按附件 FB 上报
就绪状态	就绪状态未完成项目	□有　□无 如有就绪未完成的，填写以下项目 □催化器　□氧传感器　□氧传感器加热器 □废气再循环(EGR)/可变气门 VVT

续表

其他信息	MIL 灯点亮后的行驶里程/(km)：				
CALID/CVN 信息	发动机控制单元	CALID		CVN	
	后处理控制单元(如适用)	CALID		CVN	
	其他控制单元(如适用)	CALID		CVN	
OBD 检查结果	□合格　□不合格			检验员：	

4. 排气污染物检测

检测方法	□双怠速　□稳态工况法　□瞬态工况法　□简易瞬态工况法

检验结果内容

	双怠速					
排气污染物检测		过量空气系数(λ)	低怠速		高怠速	
			CO(%)	HC(10^{-6})	CO(%)	HC(10^{-6})
	实测值					
	限值					
	瞬态工况法					
		CO(g/km)		HC+NO_x(g/km)		
	实测值					
	限值					
	简易瞬态工况法					
		HC(g/km)	CO(g/km)		NO_x(g/km)	
	实测值					
	限值					
	稳态工况法					
		HC(10^{-6})	CO(%)		NO_x(10^{-6})	
	实测值					
	限值					
	结果判定	□合格　□不合格				
	检验员：					

燃油蒸发测试	进油口测试	□合格　□不合格	油箱盖测试	□合格　□不合格
	结果判定	□合格　□不合格		
	检验员：			

判定结果	□合格　□不合格

任务实施

一、车辆登录和环保联网核查

将相关资料交给环检录入窗口的工作人员，让其将信息录入进去。同时，进行环保联网核查，查验车辆有无环保违规记录，如图 6-7 所示。

图 6-7　车辆登录和环保联网核查

□完成
□未完成，原因：
技术要求：如有违规，应要求车主立即处理。

二、外观检验

外观检查包含对污染控制装置的检查和对环保信息随车清单的核查等。具体检验项目如下。

1. 检查被检车辆的车况是否正常，如图 6-8 所示。

图 6-8　检查被检车辆的车况

□完成
□未完成，原因：
技术要求：如有异常，应要求车主进行维修。

2. 检查车辆是否存在烧机油或者严重冒烟现象，如图 6-9 所示。

图 6-9　检查车辆是否烧机油或者严重冒烟

□完成
□未完成，原因：
技术要求：如有，应要求车主进行维修。

3. 检查燃油蒸发控制系统连接管路的连接是否正确、完整，如图 6-10 所示。

图 6-10　检查燃油蒸发控制系统连接管路

□完成
□未完成，原因：
技术要求：如果发现有老化、龟裂、破损或堵塞现象，应要求车主进行维修，但对单一燃料的燃气汽车不需要进行此项检验。

4. 检查发动机排气管、排气消声器和排气后处理装置的外观及安装紧固部位是否完好，如图 6-11 所示。

图 6-11　检查发动机排气系统

□完成

□未完成，原因：

技术要求：如发现有腐蚀、漏气、破损或松动的，应要求车主进行维修。

5. 检查车辆是否配置有 OBD 系统，如图 6-12 所示。

图 6-12　检查车辆是否有 OBD 系统

□完成

□未完成，原因：

技术要求：适合 2011 年 7 月 1 日以后生产的轻型汽油车(总质量不超过 3.5t)和 2013 年 7 月 1 日后生产的重型汽油车(总质量大于 3.5t)。

6. 判断车辆是否适合进行简易工况法检测，如图 6-13 所示。

图 6-13　确认车辆轮胎表面情况

□完成

□未完成，原因：

技术要求：如不适合(例如：无法手动切换两驱模式的全时四驱车等)，应标注。适合进行简易工况法检测的，应确认车辆轮胎表面无夹杂异物。

三、车载诊断(OBD)系统检查

外观检验合格后(如不合格则签发检验报告，维修复检)就进入 OBD 检查，对配置有 OBD 系统的在用汽车，在完成外观检验后，应连接 OBD 诊断仪进行 OBD 检查。在随后的污染物排放检验过程中，不可断开 OBD 诊断仪。OBD 检查流程如下。

1. 确认车型。

图 6-14　确认车型

□完成

□未完成，原因：

技术要求：在对车辆进行 OBD 检查前，首先应确认该车型是否为配置有 OBD 系统的车型。如图 6-14 所示。

2. 检查故障指示器(目测法)

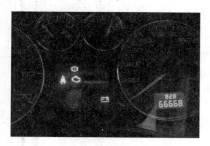

图 6-15 MIL 灯被激活

☐完成
☐未完成，原因：
技术要求：将受检车辆点火开关置于 ON 后，对仪表板上的指示灯进行自检，同时 OBD 故障指示器(MIL 灯)应被激活，暂时点亮，如图 6-15 所示；若故障指示器没有被激活，说明 MIL 灯本身存在故障，可以判定 OBD 检查结果不合格。

图 6-16 MIL 灯熄灭

☐完成
☐未完成，原因：
技术要求：起动发动机，MIL 灯同时熄灭，如图 6-16 所示，表明车辆故障指示器工作状态正常，车辆可能不存在确认的排放相关故障；若故障指示器继续被点亮，表明车辆存在排放相关故障，受检车辆需要进行维修，消除故障后重新进行排放检验。

3. 读取 OBD 数据。

图 6-17 读取 OBD 数据

☐完成
☐未完成，原因：
技术要求：检验人员在完成对故障指示器的检查后，启动 OBD 诊断仪，使用 OBD 诊断仪的快速检查功能，检查是否存在排放相关故障代码，如图 6-17 所示。

四、排气污染物检测

单一燃料汽车，仅按燃用单一燃料进行排放检测；两用燃料汽车，要求使用两种燃料分别进行排放检测。

(一)双怠速法测量程序

1. 检查发动机进排气系统装置完好情况。

图 6-18 检查发动机进排气系统

☐完成
☐未完成，原因：
技术要求：保证被检测车辆处于制造厂规定的正常状态，发动机进气系统应装有空气滤清器，排气系统应装有排气消声器和排气后处理装置，排气系统不允许有泄漏，如图 6-18 所示。

2. 检查发动机冷却液和润滑油温度。

□完成

□未完成，原因：

技术要求：进行排放测量时，发动机冷却液和润滑油温度应不低于 80℃，或者达到汽车使用说明书规定的热状态，如图 6-19 所示。

图 6-19　检查冷却液和润滑油温度

3. 将发动机转速稳定在高怠速范围内。

□完成

□未完成，原因：

技术要求：发动机从怠速状态加速至 70%额定转速或企业规定的暖机转速，运转 30s 后降至高怠速状态，如图 6-20 所示。

图 6-20　高怠速转速

4. 检测高怠速转速下的排气污染物。

□完成

□未完成，原因：

技术要求：将双怠速法排放测试仪取样探头插入排气管中，深度不少于 400mm，并固定在排气管上，如图 6-21 所示。维持 15s 后，由具有平均值计算功能的双怠速法排放测试仪读取 30s 内的平均值，该值即为高怠速污染物测量结果。

图 6-21　正确放置取样探头

5. 检测汽车怠速工况下的排气污染物。

□完成

□未完成，原因：

技术要求：发动机从高怠速降至怠速状态 15s 后，如图 6-22 所示，由具有平均值计算功能的双怠速法排放测试仪读取 30s 内的平均值，该值即为怠速污染物测量结果。

图 6-22　稳定发动机怠速转速

6. 注意事项

图6-23　CO与CO_2浓度数值

■ 在测试过程中，如果任何时刻CO与CO_2的浓度之和小于6.0%，或者发动机熄火，应终止测试，排放测量结果无效，需重新进行测试，如图6-23所示。

图6-24　多排气管测量

■ 对多排气管车辆，应取各排气管测量结果的算术平均值作为测量结果，如图6-24所示。

图6-25　排气延长管

■ 若车辆排气系统设计导致的车辆排气管长度小于测量深度时，应使用排气延长管，如图6-25所示。

(二) 简易瞬态工况法测量程序

驾驶员将受检车辆驾驶到底盘测功机上，车辆驱动轮置于滚筒上，必须确保车辆横向稳定，轮胎应干燥，轮胎间无夹杂石子等杂物。在正确安装机油温度传感器、取样探头，检测设备校正完毕后进行排放测试。

1. 启动发动机。

图6-26　发动机怠速运转

□完成
□未完成，原因：
技术要求：启动发动机，保持怠速运转40s，在40s结束时开始排放测试循环，同时开始取样，如图6-26所示。

2. 怠速工况操作流程。

☐完成

☐未完成，原因：

技术要求：测试期间，驾驶员应该根据驾驶员引导装置上显示的速度-时间曲线轨迹规定的速度和换挡时机驾驶车辆(见图 6-27)，实验期间严格禁止转动方向盘。

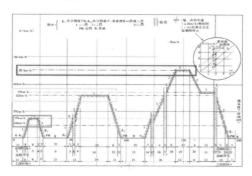

图 6-27 简易瞬态工况法测试运转循环

3. 注意事项。

■车辆机械状况良好，无影响安全或引起试验偏差的机械故障。
如图 6-28 所示。

图 6-28 检测车辆机械状况

■车辆进、排气系统不得有任何泄漏。
■车辆的发动机、变速箱和冷却系统等应无液体渗漏。
如图 6-29 所示。

图 6-29 检测汽车发动机系统

■应关闭空调、暖风等附属装备。
如图 6-30 所示。

图 6-30 关闭汽车空调系统

图 6-31　安装轮挡

■进行试验前，车辆工作温度应符合出厂规定，过热车辆不得进行测试。
■车辆驱动轮应位于滚筒上，必须确保车辆横向稳定。驱动轮胎应干燥防滑。
■车辆应限位良好。对前轮驱动车辆，实验前应是驻车制动起作用。
如图 6-31 所示。

图 6-32　检测车辆燃料

■应使用符合标准的市售燃料，包括无铅汽油、压缩天然气、液化石油气等。
如图 6-32 所示。

五、蒸发系统检测

1. 检查活性炭罐。

图 6-33　活性炭罐

☐完成
☐未完成，原因：
技术要求：活性炭罐应当有效可用，如果活性炭罐缺失或者明显损坏，则判断外观检查不合格。
如图 6-33 所示。

2. 检查燃油蒸发控制系统。

图 6-34　燃油蒸发系统管路

☐完成
☐未完成，原因：
技术要求：应当对燃油蒸发系统软管的路线、连接、状态进行外观检查，连接软管应当有效可用。如果任意一部分软管的路线、连接是错误的，或者任意一部分软管是损坏的，则判断外观检查不合格。
图 6-34 所示。

3. 检查油箱盖。

图 6-35　汽车油箱盖

☐完成
☐未完成，原因：
技术要求：如果油箱盖缺失、有明显缺陷或者没有使用正确的油箱盖，则判断外观检查不合格。对无油箱盖设计车辆，应检查油箱盖阀门是否能正常工作。
如图 6-35 所示。

学习任务评价表

时间:80 min 小组_____ 姓名_____

评价项目	评价标准	配分	自评 等级	自评 得分	互评 等级	互评 得分
素养能力	穿工装,做好劳动保护措施	10				
	遵守纪律,遵守学习场所管理规定,服从安排	10				
	具有安全意识、责任意识、5S管理意识,注重节约、节能与环保	10				
	具有团队合作意识、注重沟通,能自主学习和相互协作	10				
专业知识与能力	熟悉汽油车各种排放污染物的成因	5				
	正确分辨不同汽油车适用的检测工况	5				
	按照环保检测流程对汽油车的排放污染物进行检测	15				
	对检测结果进行合格性判定	5				
	对不合格的检查结果给出维修建议	10				
按时完成	在规定的时间内完成检测项目	20				
个人自评与小组互评得分						
教师反馈						
教师评价						

实际完成时间:_____ 考核教师:_____

备注:评价等级为掌握、基本掌握、没有掌握。

案例回顾与解析

老李的北京现代悦动2011款1.6L汽车平时有点抖,尤其是急速工况下,恰逢年检了,检测站对该车进行检测后,告知老李环保检测不合格。老李拿到检测报告单(见表6-9),上面显示在简易瞬态工况法下测得HC超标。老李通过网上查询,得知双急速工况下汽车通过率高,就要求检测站工作人员按双急速工况重新检测。作为检测工作人员的你,该如何向老李解释不合格理由以及造成检测不合格的原因?

表6-9 老李汽车环保检测报告单

简易瞬态工况法			
污染物	CO /(g/km)	HC/(g/km)	NO_x /(g/km)
检测值	8.5	2.4	1.0
检测结果:不合格			

老李的汽车属于两驱汽车，根据《汽油车污染物排放限值及测量方法(双怠速法及简易工况法)》(GB 18285—2018)中 6.3.6 与 8.1.1 的规定，两驱汽车应按照简易工况法进行检测，机动车检测站按照简易瞬态工况法进行检测是符合要求的。

老李汽车不合格理由见表 6-10。

表 6-10 检测值与国标限值的对比

类别	CO /(g/km)	HC/(g/km)	NO$_x$ /(g/km)
检测值	7.8	2.0	1.0
限值	8.0	1.6	1.3
结果判定	低于国家限值，合格	超过国家限值，不合格	低于国家限值，合格

1. 不合格判定依据

从表 6-9 中可以看出，在简易瞬态工况下，老李的车 HC 检测值超过了《汽油车污染物排放限值及测量方法(双怠速法及简易工况法)》(GB 18285—2018)的限值，故判定本次环保检测不合格。

2. 老李汽车不合格原因

从理论知识模块中，我们知道，汽车尾气中的 HC 成分就是未经燃烧或燃烧不充分的汽油，以气体形式直接排出的结果。HC 超标有两大主因：一是发动机燃烧不好；二是三元催化器净化能力下降。涉及发动机燃烧的因素很多，比如燃油的清洁程度、喷油嘴雾化状况、燃油压力、发动机压缩比、缸壁淬熄效应、火花塞、点火线、高压线圈等点火系统故障、气缸磨损导致缸压下降；进气系统故障也会导致 HC 超标，如混合气过浓等。此外，燃油蒸发系统以及曲轴箱通风系统出现故障也会导致 HC 排放量超标。

3. 维修建议

(1) 检查火花塞、点火线、高压线圈，如需更换则建议换掉。
(2) 添加使用清洁汽油，但勿擅自提升汽油标号。
(3) 更换汽油滤清器。
(4) 对进气道、燃烧室进行清洗。
(5) 氧传感器、三元催化器等如需更换请及时更换。
(6) 如果 HC 超标较多，则需检查炭罐、曲轴箱通风系统是否正常。

创新与拓展

问题描述	为实现创新、协调、绿色、开放、共享五大发展目标，全面建成小康社会和绿色、低碳的生态之城，各地都对在用机动车排气污染物进行严格管控，除按照规定周期进行检测外，环保部门还会对机动车进行实地抽检。请小组交流讨论后，得出一种能对正行驶在道路上的机动车进行尾气快速检测的方案
创新创效点	

项目六 汽车排气污染物检测

关键技术和主要技术指标	
实现方法或途径	

任务二　柴油车排气污染物检测

知识目标

1. 了解柴油车主要排气污染物的种类及成因。
2. 熟悉最新执行的检测法规。
3. 掌握柴油车排气污染物评价指标。
4. 熟悉柴油车排气检测流程。
5. 掌握柴油车排气检测仪器工作原理。

柴油车排气污染物检测

技能目标

1. 能够使用仪器设备对柴油车按照排放法规的要求进行检测。
2. 能对检测结果进行合格性判定。
3. 能对不合格柴油车提出维修建议。

素质目标

1. 严格按照柴油车排气污染物检测标准作业，养成科学、严谨的工作态度。
2. 养成良好的安全作业习惯。
3. 严格执行5S现场管理。
4. 具备团结协作精神。

思政导学

学以致用

检验员小王和引车员老李在对某辆柴油车进行加载减速法检测，快到检测完毕时，车辆底盘下方突然产生浓烟，如图6-36所示，但是检测设备分析结果显示各种检测指标均正常。小王赶紧指挥现场将其他工位上的工作人员疏散到室外，并将室内风机开启进行排烟。

小王想，排气管内排放物指标均正常，可以排除管内存在未完全燃烧的混合气，且从现场的浓烟颜色来看，不是黑烟，而是淡蓝色的烟。小王想起了在大学课本学到过机油燃烧会产生蓝烟，加之平时在检测过程中，发现柴油车发动机容易漏机油，该车有可能是发动机机油漏到了排气管上后，排气管内废气高温引燃了机油所致。待浓烟消散后，小王仔细检查了排气管，果然发现排气管外壁还有残余的机油。小王沉着冷静的处事风格和学以致用的精神受到了单位同事的赞赏。

图 6-36　柴油车线上检测时产生浓烟

任务导入

某城市道路桥梁监管服务中心的一辆出厂日期为 2015 年 5 月的重型低平板半挂车，于 2021 年 7 月在某检测站进行环保检测，检测报告单(见表 6-11)显示，该柴油车的转速、最大轮边功率、烟度值都满足排放法规限值，唯独 NO_x 排放值超标，请学习完本任务后，分析 NO_x 超标的原因，并提出合理的维修建议。

表 6-11　柴油车环保检测报告单

加载减速法			
转速		最大轮边功率	
额定转速	实测(修正)VelMaxHP	实测 /kW	限值 /kW
2 700	2 112	103.8	54.4
烟度		氮氧化物 NO_x	
100%点	80%点		80%点
实测值 0.05	0.04	实测值	1 862.00
限值 1.2	1.2	限值	1 500

相关知识

一、柴油车排放污染物的种类与影响因素

柴油车与汽油车一样，排放气体有害成分主要有 CO、HC、NO_x，但生成量有所不同，除此以外，柴油车微粒排放量比汽油车要多很多倍。CO、HC、NO_x 的形成在本项目任务一中已阐释，此处不作赘述。

1. CO 与 HC

由于柴油机负荷调节方法属于质调节，各工况下平均过量空气系数远大于1，即有足够的氧气参与燃烧。但是，柴油挥发性差及柴油边喷油边燃烧、不正常喷射等因素，会造成缸内混合气局部过浓，造成不完全燃烧生成 CO 和 HC。但柴油机的 CO 和 HC 排放量要比汽油机低得多。

2. NO_x

和汽油车一样，NO_x 生成的三个条件是高温、富氧和较长作用时间。但由于柴油车在着火燃烧方面的原因，氮氧化物 NO_x 排放量占其总排放量的比例较汽油机大。

3. 微粒

柴油机的微粒主要成分是干碳烟、可溶性有机成分和硫酸盐。这种微粒由在燃烧时生成的含碳粒子(碳烟)及其表面上吸附的多种有机物组成。柴油机微粒碳烟源于烃类燃料在高温缺氧下的裂解，详细机理尚不明确。柴油机的微粒大多小于 $0.3\mu m$，且微粒粒径越小，对人的危害越大。柴油机的微粒排放量要比汽油机大几十倍，故检测柴油车排气中的烟度至关重要。

4. 影响柴油车有害排放物的因素

1) 过量空气系数 λ

柴油机虽然总在 $\lambda>1$ 的稀混合气条件下运转，但由于柴油机是扩散燃烧，混合气体的浓稀分布极不均匀，完全燃烧所需的空气要比预混合燃烧时多。

如图 6-37 所示，横坐标为 λ 的值，纵坐标为有害气体排放量。柴油机 CO 的排放量一般很低，只有在高负荷，即 $\lambda<1.5$ 时才急剧增加。在中小负荷，即 $\lambda>2$ 时，由于在燃油喷雾边缘区域形成过稀混合气以及缸内温度过低，HC 排放略有上升。在 $\lambda<2$，由于混合气浓度分布极为不均，碳烟急剧上升。

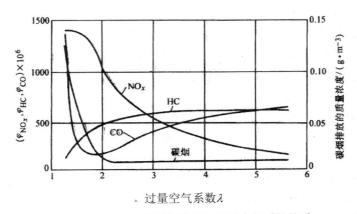

图 6-37 柴油机排放污染物与过量空气系数关系

2) 喷油时刻

喷油定时对 HC 排放的影响较复杂。它与燃烧室形状、喷油器结构参数及运转工况都有关，故不同机型的柴油机往往会有不同的结果。

喷油提前，滞燃期增加，使较多的燃油蒸汽和小油粒被旋转气流带走，形成一个较宽的过稀不着火区，同时燃油与壁面碰撞增加，使得 HC 排放增加；而喷油过迟，则使较多的燃油没有足够的反应时间，HC 的排放也要增加。

CO 主要受混合气浓度影响，当柴油机整体 λ>1 时，改变喷油提前角对 CO 排放的影响不大。

对于 NO_x，喷油提前，燃油在较低的空气温度和压力下喷入气缸，使滞燃期增长，导致氮氧化合物排放增加；推迟喷油，会降低初始放热率，使燃烧室最高温度降低，减少氮氧化合物排放。所以喷油时刻的延迟是减少氮氧化合物的有效措施，但喷油时刻的延迟必将导致燃烧过程也推迟进行，最高燃烧压力降低，功率下降，燃油经济性变差，并产生后燃现象，同时排温增加，烟度增加。因此，喷油时刻的延迟必须适度。

喷油延迟，PM(微粒)的排放量在各种工况下都会增加，喷油过于提前，使得燃油在较低温度下喷入而得不到完全燃烧也会使烟度增加。

3) 转速

柴油机高速运转时，空气运动加快，但同时氧化和混合时间减少，使得 PM 排放增加，HC 排放增加；转速增加，燃烧速度加快，使得发动机的热负荷增强，NO_x 排放增加。

4) 负荷

柴油机供油量是根据负荷来调节的。负荷大，供油量增加，烟度也随之增加；负荷小，发动机热状态和雾化质量降低，长时间高速空转或怠速时也会微微冒烟；发动机超负荷时，会因燃料燃烧不完全而冒黑烟。一般情况下，NO_x 排放量随负荷增大而增加，主要是预混燃烧随负荷增大，最高温度升高，当超过一定温度，缺氧燃烧恶化；HC 排放随负荷增大而减小，主要是由于氧化作用增强。

二、柴油车排气污染物检测方法

为贯彻《中华人民共和国环境保护法》和《中华人民共和国大气污染防治法》，控制汽车污染物排放，改善环境空气质量，2018 年 11 月 7 日，国家质量技术监督局发布了《柴油车污染物排放限值及测量方法(自由加速法及加载减速法)》(GB 3847—2018)。该标准代替《车用压燃式发动机和压燃式发动机汽车排气烟度排放限值及测量方法》(GB 3847—2005)和《确定压燃式发动机在用汽车加载减速法排气烟度排放限值的原则和方法》(HJ/T 241—2005)并于 2019 年 5 月 1 日正式实施。

GB 3847—2018 规定柴油车污染物排放限值的两种检测方法，即自由加速法和加载减速法。自由加速法只需要原地空挡踩几次油门踏板即可，方便快捷，发动机出力少；而加载减速法相对比较麻烦，需要把驱动轮放在测功机滚筒上按照规定速度和转速加速到指定的功率点进行检测，为了防止有人私自改动油路降低喷油量，所以检测时还要用测功机测量车轮输出功率，条件更苛刻，发动机需要输出更多的功。由于测功机滚筒数量限制，对无法手动切换两驱驱动模式的全时四驱车和适时四驱等车辆，或无法手动关闭牵引力控制系统的柴油车可以按照自由加速法进行尾气检测，除此之外的柴油车应按照加载减速法进行排放检测。

GB 3847—2018 相比 GB 3847—2005，增添了污染控制装置外观完好性查验、车载诊断

系统检查和 NO_x 检测。

1) 污染控制装置外观完好性查验

主要检查发动机排气管、排气消声器和排气后处理装置的外观及安装紧固部位是否完好，以及检查车辆是否配置 OBD 系统。

2) 车载诊断系统检查(OBD 检查)

车载诊断系统简称 OBD(onboard diagnostic system)系统，是一套安装在车辆和发动机上的计算机信息系统，对影响排放的故障具有诊断、报警、储存和通信等功能，也属于污染控制装置。OBD 检查是用数据采集传输仪器读取 OBD 系统信息，并检查其各项功能是否正常有效地运行。OBD 检查范围如下。

(1) 轻型汽油车，2011 年 7 月 1 日以后生产的。

(2) 重型汽油车，2013 年 7 月 1 日以后生产的。

(3) 柴油车，2018 年 1 月 1 日以后生产的。

OBD 检查，2019 年 5 月 1 日起仅检查并报告，2019 年 11 月 1 日起成为车辆检验是否合格的判别项目。

3) NO_x 检测

柴油车在现有的黑烟(颗粒物)检测项目之外，增加了排气污染物 NO_x 的检测。

三、柴油车排气污染物检测设备与检测原理

1. 底盘测功机

底盘测功机是用于测量汽车驱动轮输出功率、扭矩(或驱动力)和转速(或速度)的专用计量设备。它主要由转鼓、功率吸收单元(PAU)、惯量模拟装置等组成，如图 6-38 所示。

图 6-38 底盘测功机

2. 不透光烟度计

不透光式烟度计利用透光衰减率来测定烟气浓度，当一束光穿过密度和温度一致的气体时，由于光被气体吸收和散射，使其强度衰减，不透光度计就是利用这一原理，使调制光束通过一段给定长度的排烟、通过测量排烟对光的吸收程度来决定排烟对环境的污染程度。常见的不透光烟度计如图 6-39 所示。

图 6-39 不透光烟度计

3. NO_x 分析仪

氮氧化物分析仪可以选择使用化学发光、紫外或红外原理，不得采用化学电池原理。化学发光法和红外线测量原理见汽油车排气污染物检测章节，此处不作赘述。NO_x 分析仪测量得到的氮氧化物(NO_x)是 NO 和 NO_2 的总和，其中对 NO_2 可以直接测量，也可以通过转化炉转化为 NO 后进行测量。采用转化炉将 NO_2 转化为 NO 时，转化效率应≥90%，对转化效率要进行定期检验。

四、柴油车污染物排放合格性判定标准

根据《柴油车污染物排放限值及测量方法(自由加速法及加载减速法)》(GB 3847—2018)，汽车在不同检测方法下的评价指标及对应污染物限值如表 6-12 所示。

表 6-12 柴油车排放检验排放限值

类别	自由加速法 光吸收系数(m^{-1})或不透光度(%)	加载减速法 光吸收系数(m^{-1})或不透光度(%)	加载减速法 氮氧化物[b]/×10^{-6}	林格曼黑度法 林格曼黑度(级)
限值 a	1.2(40)	1.2(40)	1 500	1
限值 b	0.7(26)	0.7(26)	1 900	

a. 海拔高度高于 1 500m 的地区加载减速法限值可以按照每增加 1 000m 增加 0.25m^{-1} 幅度调整，总调整不得超过 0.75m^{-1}。

b. 2020 年 7 月 1 日前限值 b 过渡限值为 1 200×10^{-6}。

说明：在用汽车排气污染物检测结果应符合本标准规定的限值 a。对于汽车保有量达到 500 万辆以上，或机动车为当地首要空气污染源，或按照法律法规设置低排放控制区的城市，应在充分征求社会各方面意见的基础上，经省级人民政府批准，并依法经国务院生态环境主管部门备案后，可提前选用限值 b。但应设置足够的实施过渡期。

五、在用柴油车环保检验流程

在用汽车环保检验前，应进行环保联网核查，查验车辆有无环保违规记录，若无，则

进行外观检验和 OBD 检查，最后进行排气污染检测，检验流程如图 6-40 所示。与汽油车环保检验流程不同之处是，外观检验部分判定柴油车适合何种检验法(自由加速法还是加载减速法)。

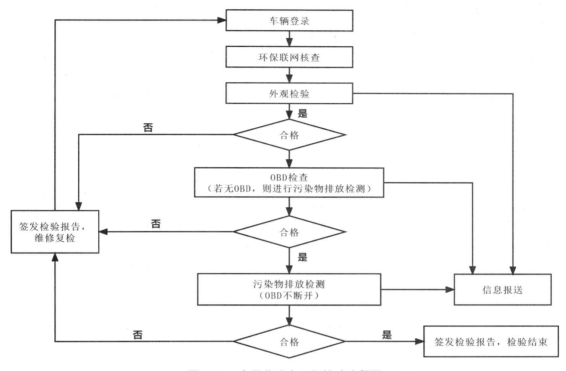

图 6-40　在用柴油车环保检验流程图

按图 6-39 所示检验流程所得检验结果，如有以下所述任一项，则判定环保检验结果不合格。

(1) 如果污染物检测结果中有任何一项不满足限值要求，则判定排放检验不合格。

(2) 如果车辆排放有明显可见烟度或烟度值超过林格曼 1 级，则判定排放检验不合格。

(3) 加载减速法功率扫描过程中，经修正的轮边功率测量结果不得低于制造厂规定的发动机额定功率的 40%，否则判定检验结果不合格。

(4) 对 2018 年 1 月 1 日以后生产的柴油车，需进行 OBD 系统检验，如果不合格，也判定排放检验不合格。

(5) 禁止使用降低排放控制装置功效的失效策略，所有针对污染控制装置的篡改都属于排放检验不合格。

任务实施

按照以下任务的技术要求，对柴油车排气污染物进行检测，并完成表 6-13 中内容。

表 6-13 柴油车检测报告单

1. 基本信息

号牌号码		车辆型号		基准质量(kg)	
车辆识别代号(VIN)		最大设计总质量(kg)		发动机型号	
发动机号码		发动机排量(L)		额定转速(rpm)	
发动机额定功率/kW		DPF		DPF 型号	
SCR		SCR 型号		气缸数	
驱动电机型号		储能装置型号		电池容量	
车辆生产企业		车辆出厂日期		累计行驶里程(km)	
车主姓名(单位)		联系电话		车牌颜色	
燃料型类		燃油型式		驱动方式	
品牌/型号		变速器型式		使用性质	
初次登记日期		检测方法		OBD	有/无

环境参数

环境温度(℃)		大气压(kPa)		相对湿度(%)	

检测设备信息

分析仪生产企业		分析仪名称		分析仪检定日期	
底盘测功机生产企业		底盘测功机型号			
OBD 诊断仪生产企业		OBD 诊断仪型号			

2. 外观检验

检查项目	是	否	备注
车辆机械状况是否良好			
排气污染控制装置是否齐全，正常			否决项目
车辆是否存在烧机油或者严重冒黑烟现象			否决项目
有无可能影响安全或引起测试偏差的机械故障			
车辆进、排气系统是否有任何泄漏			
车辆的发动机、变速箱和冷却系统等有无明显的液体渗漏			
是否带 OBD 系统			
轮胎气压是否正常			
轮胎是否干燥、清洁			
是否关闭了车上空调、暖风等附属设备			
是否已经中断车辆上可能影响测试正常进行的功能，如 ASR、ESP、EPC 牵引力控制或自动制动系统等			
车辆油箱和油品是否异常			
是否适合工况法检测			
外观检验结果	□合格 □不合格	检验员：	

续表

3. OBD 检查

OBD 故障指示器	OBD 系统故障指示器报警及故障码	□有　　□无	
	通信	□通信成功　□通信不成功	
		通信不成功的，填写以下原因	
		□接口损坏　□找不到接口	
		□连接后不能通信	
	OBD 系统故障指示器报警	□有　　□无	
	故障代码及故障信息	故障信息按要求上报	
就绪状态	就绪状态未完成项目	□有　　□无	
		如有就绪未完成的，填写以下项目	
		□SCR　□POC　□DOC　□DPF	
		□废气再循环(EGR)	
其他信息	MIL 灯点亮后的行驶里程(km):		
CALID/CVN 信息	发动机控制单元	CALID	CVN
	后处理控制单元(如适用)	CALID	CVN
	其他控制单元(如适用)	CALID	CVN
OBD 检查结果	□合格　　□不合格		检验员:

4. 排气污染物检测

检测方法	□自由加速法　　□加载减速法　　□林格曼黑度法

检验结果内容

排气污染物检测	自由加速法						
	额定转速 /(r/min)	实测转速 /(r/min)	三次烟度测量值/m^{-1}			平均值/m^{-1}	限值/m^{-1}
			1	2	3		
	实测值						
	加载减速法						
	转速				最大轮边功率		
	额定转速	实测(修正)VelMaxHP			实测/kW		限值/kW
	烟度				氮氧化物 NO$_x$		
		100%点	80%点			80%点	
	实测值				实测值		
	限值				限值		
	林格曼黑度法						
	明显可见烟度	□有　□无			林格曼黑度/级		
检验结果	□合格　　□不合格				检验员:		

一、车载诊断(OBD)系统检查

1. 确认车型。

图 6-41　确认车型

□完成
□未完成，原因：
技术要求：确认检验车辆是否为带 OBD 系统的车型。
如图 6-41 所示。

2. 将 OBD 诊断仪连接车辆 OBD 系统。

图 6-42　连接 OBD 诊断仪

□完成
□未完成，原因：
技术要求：保证诊断仪与诊断接口可靠连接。
如图 6-42 所示。

3. 将车辆点火开关放置到"ON"状态。

图 6-43　点火开关置于"ON"状态

□完成
□未完成，原因：
技术要求：仪表板各指示灯亮。
如图 6-43 所示。

4. 检查故障指示器是否亮灯。

图 6-44　故障指示器亮

□完成
□未完成，原因：
技术要求：若不亮灯，故障指示器发生故障，需维修后复检。
图 6-44 所示为故障指示器亮灯。

5. 启动发动机，打开 OBD 诊断仪，自动建立通信。

图 6-45　OBD 通信连接失败

□完成
□未完成，原因：
技术要求：若连续两次尝试通信失败，检测人员应确认该诊断仪与其他车辆的 OBD 系统是否能够正常进行通信。
图 6-45 所示为连接失败。

6. 读取 OBD 相关信息。

图 6-46　OBD 相关信息

□完成
□未完成，原因：
技术要求：信息包括有故障代码、故障指示器状态、就绪状态、MIL 灯点亮后的故障里程等。
如图 6-46 所示。

7. 就绪状态未完成项是否超过两项。

图 6-47　就绪状态检查

□完成
□未完成，原因：
技术要求：若是，则车辆充分行驶以及维修后复检。
如图 6-47 所示。

二、排气污染物检测

单一燃料汽车，仅按燃用单一燃料进行排放检测；两用燃料汽车，要求使用两种燃料分别进行排放检测。

加载减速法排气试验

1. 检查实验通信系统工作是否正常。

图 6-48　检查实验通信系统

□完成
□未完成，原因：
技术要求：检测系统界面正确显示车辆信息
如图 6-48 所示。

2. 放置强制冷却风机。

图 6-49　检查冷却液或润滑油温度

□完成
□未完成，原因：
技术要求：在车辆散热器前方 1m 处放置。
如图 6-49 所示。

3. 低速运行检测。

图 6-50　车辆低速运行

□完成
□未完成，原因：
技术要求：(1) 检测过程中除检测员外，其他人员不得在测试现场逗留。
(2)车辆安置到位将测功机举升器放下后进行低速运行检测，确保车辆运行处于稳定状态。
如图 6-50 所示。

4. 安装不透光烟度计。

图 6-51　安装不透光烟度计探头

□完成
□未完成，原因：
技术要求：采样探头的插入深度不得低于 400mm，控制采样气体的温度和压力在规定的范围内。
如图 6-51 所示。

项目六 汽车排气污染物检测

5. 启动发动机，变速器置空挡，逐渐加大油门踏板开度直到达到最大，并保持在最大开度状态。记录这时发动机的最大转速，然后松开油门踏板，使发动机回到怠速状态。

□完成
□未完成，原因：
技术要求：逐渐加大油门踏板开度直到达到最大，并保持在最大开度状态。
如图 6-52 所示。

图 6-52　检验发动机最大转速

6. 选择合适的挡位，使油门踏板处于全开位置时，测功机指示的车速最接近 70km/h，但不能超过 100km/h。

□完成
□未完成，原因：
技术要求：对装有自动变速器的车辆，应注意不要在超速挡下进行测量。
如图 6-53 所示。

图 6-53　选择合适挡位

7. 判断是否可以继续进行后续检测。

□完成
□未完成，原因：
技术要求：被判定为不适合检测的车辆不允许进行加载减速检测。
如图 6-54 所示。

图 6-54　判断是否可以继续进行后续检测

8. 由计算机控制系统自动完成对测功机加载减速过程的控制。

□完成
□未完成，原因：
技术要求：加载减速测试的过程必须完全自动化。
如图 6-55 所示。

图 6-55　加载减速测试

9. 自动控制系统采集 VelMaxHP 工况点和 80%VelMaxHP 工况点检测状态下的检测数据，包括轮边功率、发动机转速、排气光吸收系数 k 和 NO_x，并将不同工况点的测量结果都与排放限值进行比较。

图 6-56　采集检测数据

□ 完成
□ 未完成，原因：
技术要求：检测数据只要任意一项超过了标准规定的限值，均判断该车的排放不合格。
如图 6-56 所示。

10. 检测员应始终将油门保持在最大开度状态，直到检测系统通知松开油门为止。

图 6-57　检测系统通知松开油门

□ 完成
□ 未完成，原因：
技术要求：在试验过程中，检测员应实时监控发动机冷却液温度和机油压力。一旦冷却液温度超出了规定的温度范围，或者机油压力偏低，都必须立即暂时停止检测。
如图 6-57 所示。

11. 检测结束，打印检测报告并存档。

图 6-58　打印检测报告

□ 完成
□ 未完成，原因：
技术要求：检验报告纸质档案保存期限不少于 6 年，电子档案保存期限应不少于 10 年。
如图 6-58 所示。

学习任务评价表

时间：80 min　　　小组_____　　　姓名_____

评价项目	评价标准	配分	自评		互评	
			等级	得分	等级	得分
素养能力	穿工装，做好劳动保护措施	10				
	遵守纪律，遵守学习场所管理规定，服从安排	10				
	具有安全意识、责任意识、5S管理意识，注重节约、节能与环保	10				
	具有团队合作意识、注重沟通，能自主学习和相互协作	10				
专业知识与能力	熟悉柴油车各种排放污染物的成因	5				
	正确分辨不同柴油车适用的检测工况	5				
	按照环保检测流程对柴油车的排放污染物进行检测	15				
	对检测结果进行合格性判定	5				
	对不合格的检查结果给出维修建议	10				
按时完成	在规定的时间内完成检测项目	20				
个人自评与小组互评得分						
教师反馈						
教师评价						

实际完成时间：_____　　　　　考核教师：_____

备注：评价等级为掌握、基本掌握、没有掌握。

案例回顾与解析

某城市道路桥梁监管服务中心的一辆出厂日期为2015年5月的重型低平板半挂车，于2021年7月在某检测站进行环保检测，检测报告单(见表6-14)显示，该柴油车的转速、最大轮边功率、烟度值都满足排放法规限值，唯独NO_x排放值超标，请学习完本任务后，分析NO_x超标的原因，并提出合理的维修建议。

表 6-14 柴油车环保检测报告单

加载减速法			
转速		最大轮边功率	
额定转速	实测(修正)VelMaxHP	实测 /kW	限值 /kW
2700	2112	103.8	54.4
烟度 k		氮氧化物 NO_x	
100%点	80%点		80%点
实测值 0.05	0.04	实测值	1 862.00
限值 1.2	1.2	限值	1 500

1. 不合格判定理由

根据《柴油车污染物排放限值及测量方法(自由加速法及加载减速法)》(GB 3847—2018)检验柴油车排放污染物，在 80%转鼓表面线速度下 NO_x 的实测值大于了限值，故判定该柴油车环保检测不合格。

2. 不合格原因

NO_x 的生成原因有三个：高温、富氧和较长的反应时间。对于柴油车而言，影响 NO_x 生成量最关键因素是高温，为降低燃烧温度，目前柴油车采用的机内净化技术是废气再循环(EGR)。即使从排气口排出的部分废气再循环回到进气歧管，与混合气一起进入燃烧室以降低燃烧温度，从而减少 NO_x 的生成量。NO_x 机外后处理方法为选择性催化还原(SCR)系统。即 SCR 主要将发动机排气中的氮氧化合物(NO_x)转化为氮气和水，降低 NO_x 排放量。在高温环境下，尿素喷射单元向排气管中喷射尿素水溶液(一种尿素浓度为 32.5%的尿素水溶液)，尿素在高温下水解放出氨气，氨气在 SCR 催化器中与尾气中的氮氧化物发生反应，生成氮气和水。

本案例中柴油车 NO_x 超标的原因很多，只要是造成燃烧温度升高或者导致 SCR 系统失效的因素都可能导致 NO_x 超标。从检测报告单可以看出，轮边功率实测值大于限值，符合要求，在 100%点和 80%点实测值均小于限值，符合要求，但 NO_x 在 80%点时实测值大于国标限值，故需重点检查 EGR 系统和 SCR 系统。

3. 维修建议

(1) 清洗 EGR 系统管路。由于在 OBD 检查过程中，没有出现 EGR 故障码，切不可盲目认为 EGR 系统工作正常，还要仔细检查 EGR 电磁阀前后端管路，查看管道是否有堵塞现象。

(2) 检查 SCR 系统。尿素液位是否正常；SCR 前后温度传感器和氮氧传感器工作是否正常；尿素喷嘴工作是否正常。

项目六　汽车排气污染物检测

创新与拓展

问题描述	为使柴油车排气污染物符合排放法规限值，柴油碳微粒捕集器(diesel particulate filter，DPF)通过捕捉收集柴油燃烧废气，并过滤碳微粒。柴油发动机采用微粒捕集器可以有效地减少微粒的排放，但随着车辆运行里程的增加，捕集器内的微粒不断积累，造成排气背压逐渐增加。当排气压力过大时，会使发动机性能恶化，因此必须对微粒捕集器定期进行再生也就是清理。 请你学完本任务内容后，查阅相关资料，每小组汇报一种微粒捕集器再生技术，分析该技术的优缺点，尝试进行技术改进
创新创效点	
关键技术和主要技术指标	
实现方法或途径	

汽车排气污染物
检测

项目七　汽车前照灯检测

知识目标

1. 了解汽车前照灯的基本组成及配光特性。
2. 熟悉最新执行的检测法规。
3. 掌握前照灯的评价指标。
4. 掌握前照灯检测仪的结构与工作原理。

前照灯检测

技能目标

1. 能够正确使用前照灯检测仪检测汽车前照灯。
2. 能够对检测结果进行合格性判定。
3. 能够对不合格的检测结果提出维修建议。

前照灯检测(大车)

素质目标

1. 严格执行最新检测法规对前照灯的要求,养成严谨、科学的工作态度。
2. 养成良好的安全作业习惯。
3. 严格执行5S现场管理。
4. 具备团结协作精神。

思政导学

车灯技术发展方向——安全、节能、环保

车灯是保障行车安全的重要配置。自1898年波士顿举办美国首届汽车展览会,哥伦比亚号汽车将电灯作为前照灯和尾灯开始,在123年时间里车灯技术经历了8次技术革命,即乙炔气前照灯→电光源前照灯→双光灯芯前照灯→不对称近光前照灯→卤素灯→氙气灯→LED大灯→激光大灯。这8次技术革命里,车灯技术发生了翻天覆地的变化,但都是采用当下最先进的技术,朝着安全、节能、环保方向发展。尤其是现阶段应用越来越多的LED车灯,符合当今时代最大的节能原则,LED灯的能耗为卤素灯的1/20,或许一辆车看不出明显的节能效果,但是我国机动车保有量已达到3.72亿辆(2020年统计数据),按照每辆车前照灯(卤素灯55W)每天使用10分钟,每天可节省约3 240 000 kW·h的电。若取发动机最高热效率40%(实际平均热效率30%左右),发电机效率90%,1L汽油能发3.276度电,每天仅前照灯就可节省989 000L汽油。此外,LED灯光之中没有红外线和紫外线辐射,使用起来对于人体的伤害小,能减轻眩晕感,让行车更安全。最后,LED灯报废后还能回收,且LED灯具材料不含有对于土地污染的重金属汞元素,不会对土地造成太大的影响。

项目七 汽车前照灯检测

任务导入

小赵的 2015 款速腾 1.4T 轿车在年检时,显示前照灯检测不合格,具体检测结果报告单如表 7-1 所示。请你向小赵解释前照灯检测不合格的原因并提出合理的维修建议。

表 7-1 汽车前照灯检测报告单

项目	远光发光强度/cd	项目判定
左外灯	11 500	×
左内灯	—	
右内灯	—	
右外灯	15 000	○

相关知识

一、前照灯的评价指标

《机动车安全技术检验项目和方法》(GB 38900—2020)修改了前照灯检验项目,删掉了《机动车运行安全技术条件》(GB 7258—2017)中对光束照射位置的要求,新注册车和在用车评价只需要检测发光强度。发光强度是表示光源在一定方向范围内发出的可见光辐射强弱的物理量,单位为坎德拉,简称"坎",用符号 cd 表示。按国际标准单位 SI 规定,若一光源在给定方向上发出频率 540×10^{12} Hz 的单色辐射,且在此方向上的辐射强度为每球面度 1/683 W 时,则此光源在该方向上的发光强度为 1cd。

由于实际检测汽车前照灯时,检测仪均需离开前照灯一定的距离,故前照灯检测仪实际检测的并不是发光强度,而是照度。

照度表明受光物体被光源照明的程度,其单位为勒克斯(lx),用符号 E 表示。1 勒克斯也等于 1.02cd 的点光源在半径为 1m 的球面上产生的光照度。在前照灯发光强度不变的情况下,被照物体离光源越远,被照明的程度越差,照度越小,如图 7-1 所示。在不计光源大小,即把光源看作点光源的情况下,照度与离开光源距离的平方成反比,用式 7-1 表示:

$$E = \frac{I}{S^2} \tag{7-1}$$

式中:E——照度,单位:lx;

I——发光强度,单位:cd;

S——离开光源的距离,单位:m。

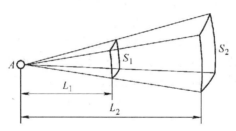

图 7-1 发光强度与照度的关系

二、前照灯的结构

1. 前照灯的结构

行车时，人与所看到的物体间的距离称为视距。夜间人要能看清远处的物体，物体需要的最低照度可按下式计算：

$$E_{v\min} = 0.2 + 0.01S \qquad (7\text{-}2)$$

式中：$E_{v\min}$——物体所需最低照度，单位：lx；

S——照明视距，也等于离开光源的距离，单位：m。

如果想要驾驶员看清前方 $S=100$m 处的物体，依照式 7-1 和式 7-2 计算可得，前照灯的发光强度 I 应该达到 12 000cd。事实上，汽车前照灯灯泡的发光强度在 50cd 左右，依靠前照灯的灯泡本身根本达不到这么高的发光强度。关键是灯泡后面装了抛物面形的反射镜，并且把灯泡装在抛物面的焦点上，从而使灯泡发出的光线会聚成很强的平行光束，如图 7-2 所示。这样，灯泡前方的发光强度就可以增加几百倍，可使前照灯的发光强度达到 6 000~16 000cd。由此看来，反射镜的形状和表面质量对发光强度有至关重要的影响。

汽车前照灯由灯罩、灯泡、反射镜和配光镜构成，有远光和近光两种灯光，如图 7-3 所示。

图 7-2　大众朗逸大灯总成

图 7-3　大众朗逸近光灯

灯泡是前照灯的光源，前照灯的灯泡分为充气灯泡和卤钨灯泡两类。充气灯泡灯丝用钨丝制成，灯泡内充满氩、氪和氮的混合气体。卤钨灯泡的灯丝用钨丝制成，充入的气体中加入卤族元素，如碘、溴、氯、氟等。卤素灯，就是在灯泡内渗入少量的惰性气碘，从灯丝蒸发出来的钨原子与碘原子相遇反应，生成碘化钨化合物，当碘化钨化合物一接触白热化的灯丝(温度超过 1450℃)，又会分解还原为钨和碘，钨又重新归队回到灯丝中去，碘则重新进入气体中。如此循环不已，灯丝几乎不会被烧断，灯泡也不会发黑，所以它要比传统的白炽前照灯寿命更长，亮度更大。现在的汽车普遍采用的都是这种前照灯。

反射镜用薄钢板冲压而成，其形状为旋转抛物面，其内表面进行镀银、镀铝或镀铬，经抛光加工而成，如图 7-4 所示。反射镜将灯泡的光线聚合、反射后照射前方。经反射镜反射后，尚有少量的散射光线，照向侧方和下方的散射光线有助于照明两侧 5~10m 的路面。

配光镜是由透镜和棱镜组合而成的散光玻璃，其外形一般为圆形或方形，配光镜的外表面平滑，内侧精心设计成由许多特殊的凸透镜和棱镜组成的组合体，如图 7-5 所示。配光镜的作用是将反射镜反射出来的光线进行散射与折射，以扩大光照范围，使前照灯 100m 以内的路面和路缘有均匀的照明，使照射区域的光照度分布符合标准要求。

项目七 汽车前照灯检测

图 7-4 前照灯反射镜

图 7-5 前照灯配光镜

2. 常见前照灯的类型及特点

市面上常见的汽车大灯有卤素大灯、氙气大灯、LED 大灯，近年来在一些豪华轿车上出现了激光大灯。表 7-2 列举了各种大灯的工作原理及特点。

表 7-2 各种大灯的工作原理及特点

种类	工作原理	优点	缺点	代表车型
卤素大灯	在灯泡内注入碘或溴等卤素气体，在高温下，升华的钨丝与卤素进行化学作用，冷却后的钨会重新凝固在钨丝上，形成平衡的循环，避免钨丝过早断裂	1. 成本低廉、维修更换方便。 2. 卤素灯是黄色光，所以在雨雪、雾霾、风沙天气里穿透力强	1. 能耗高。 2. 亮度低。 3. 寿命比较短，约 500 小时	速腾、标志 307、蒙迪欧、福克斯、吉利远景、吉利帝豪、吉利博越 PRO
氙气大灯	将高压电流接入充有氙气的密封灯头，氙气在高压电流的作用下产生电弧放电并产生白色的强光	1. 氙灯的亮度是卤素大灯的 4~6 倍。 2. 寿命较长，约为 3 000 小时。 3. 氙气大灯节电性强：氙气灯只有 35W，而发出的是 55W 卤素 3.5 倍以上的光，大大减轻了汽车电力系统的负荷，电力损耗节省 40%。 4. 光色接近日光	1. 启动比较慢，不能一启动就能达到最大亮度，延迟时间在 2~4 秒之间，对行车变光十分不利。 2. 氙气灯的价格是卤素灯的几倍	沃尔沃 XC90、迈腾 1.8T 豪华型和 2.0T 全系、英朗 1.6T、致胜 2.3 豪华运动版与导航版、卡罗拉 2.0L 全系
LED 大灯	LED 是 light emitting diode 的简称，也叫发光二极管，是一种能够将电能转化为可见光的固态半导体器件，它可以直接把电转化为光	1. 节能环保：LED 灯的能耗为卤素灯的 1/20。 2. 寿命长：LED 灯寿命能够达到 100 000 个小时。 3. 亮度高：LED 大灯和新氙灯差不多。 4. 低压安全：只需要直流电压 12V 就可点亮，再也不用担心氙气两万多的电压。 5. 瞬间点亮：不再是氙气灯的"等会再亮"，随点随亮。 6. LED 大灯还能被塑造成炫酷的形状，非常美观	1. 散热问题，如果散热不佳会大幅缩短寿命，低端 LED 灯的省电性还是低于节能灯。 2. 初期购买成本高。 3. 维修成本高	奥迪 A8；奔驰 CLS；雷克萨斯 450HL

种类	工作原理	优点	缺点	代表车型
激光大灯	激光车灯的光源是由激光二极管(laser diode)发光生成	1. 激光大灯具备了 LED 大灯的所有优点，而且体积更小，可以留出更多的空间供设计师对前脸部分进行设计。 2. 亮度衰减低。 3. 激光灯光线的投射边缘可控性非常高，可以最大限度地防止炫目	1.成本太过昂贵。 2.维修不便且维修价格很高	宝马 X5 高配版、宝马 i5、奔驰 S63

3. 二灯制与四灯制

前照灯在汽车上的安装数量一般有二灯制和四灯制。二灯制结构所采用的灯泡包含两个分开的光源，通过一个反射镜投射近光和远光。每只前照灯都能分别发出近光和远光，通常用于轿车上。四灯制结构是指汽车的一对前照灯产生远光和近光或仅产生近光，而另一对前照灯仅提供远光照明，有四个远光光束。《机动车运行安全技术条件》GB 7258—2017 规定，采用四灯制的机动车其中两只对称的灯达到两灯制的要求时视为合格。

三、前照灯的配光特性

前照灯的远光是夜间行车照明用的，当无迎面来车或不尾随其他车辆时，希望灯光照得远并使路面有足够的亮度；前照灯的近光是会车时用的，要求光束倾向路面一侧，避免对面来车的驾驶人炫目。因此，前照灯发出的光线应满足一定的分布。配光特性就是用等照度曲线表示的明亮分布特性，称为光形分布特性。前照灯的配光特性有对称式配光和非对称式配光两种。

1. 对称式配光

对称式配光由于前照灯上装有散光玻璃，当前照灯垂直地照射到前方的平滑表面后，被照射面上的照度是不均等的，光束的中心区域较高，两侧区域较低，如图 7-6 所示。

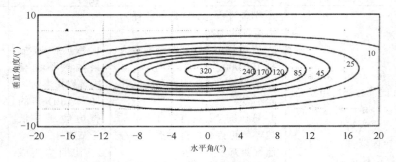

图 7-6 远光灯光强度等照度曲线(×100cd)

2. 非对称式配光

非对称式配光特性是指前照灯光束在受照物体上产生等照度曲线不对称的一种光形分

布。非对称式配光性的灯光投射到配光屏幕，会有一条明显的明暗截止线。非对称光的效果，如图 7-7 所示。

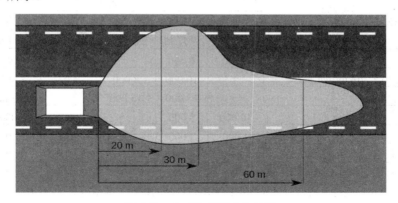

图 7-7　非对称式配光的效果

目前国际上通用的前照灯配光标准有两种：美国 SAE 标准和欧洲 ECE 标准。这两种配光方式的远光基本相同，区别在于近光的照射位置和防炫目的方法。我国规定执行的是 ECE 标准。按 ECE 标准制造的前照灯，其近光照到测试屏幕各处的照度是上下左右不对称的，属于"非对称防眩光前照灯"，在配光屏幕上，有明显的明暗截止线，如图 7-8(a)、(b)所示。我国前照灯近光灯多采用 Z 字形配光方式，如图 7-8(b)所示。

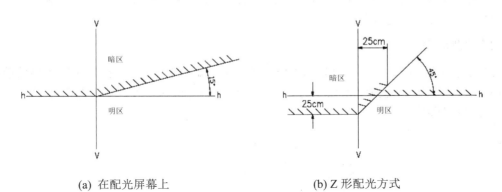

(a) 在配光屏幕上　　　　　　　　(b) Z 形配光方式

图 7-8　近光灯配光特性

四、前照灯的合格性判定

最新执行标准《机动车安全技术检验项目和方法》(GB 38900—2020)对前照灯检测的项目进行了修改，新注册车和在用车在安全技术检验时，对前照灯只需要检验远光发光强度。

《机动车运行安全技术条件》(GB 7258—2017)规定，机动车每只前照灯的远光光束发光强度应达到表 7-3 的要求；并且，同时打开所有前照灯(远光)时，其总的远光光束发光强度应符合《汽车及挂车外部照明和光信号装置的安装规定》(GB 4785—2019)的要求。注意，远光灯检测时电源系统应处于充电状态。

表 7-3　前照灯远光光束发光强度最小值要求

机动车的类型		检查项目					
		新注册车			在用车		
		一灯制	两灯制	四灯制[a]	一灯制	两灯制	四灯制[a]
三轮汽车		8 000	6 000	—	6 000	5 000	—
最大设计车速小于 70km/h 的汽车		—	10 000	8 000	—	8 000	6 000
其他汽车		—	18 000	15 000	—	15 000	12 000
普通摩托车		10 000	8 000	—	8 000	6 000	—
轻便摩托车		4 000	3 000	—	3 000	2 500	—
拖拉机运输机组	标定功率＞18kW	—	8 000		—	6 000	
	标定功率≤18kW	6 000[b]	6 000		5 000[b]	5 000	

注：a. 四灯制是指前照灯具有四个远光光束；采用四灯制的机动车其中两只对称的灯达到两灯制的要求时视为合格。

b. 允许手扶拖拉机运输机组只装用一只前照灯

五、汽车前照灯检测仪与检测原理

前照灯检测仪的类型有很多，但检测原理基本相同，一般采用能把吸收的光能变成电流的硅光电池或硒光电池作为传感器，按照前照灯主光束照射光电池产生电流的大小和比例，来测量前照灯发光强度。

1. 检测原理

检测电路由光度计、可变电阻和光电池等组成，如图 7-9 所示。按规定的距离使前照灯照射光电池，光电池便按受光强度的大小产生相应的光电流，使光度计指针摆动，指示出前照灯的发光强度。

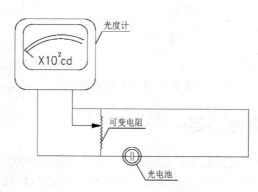

图 7-9　发光强度检测原理

2. 前照灯检测仪结构

汽车前照灯检测仪可分为聚光式、屏幕式、投影式和自动追踪光轴式四种类型。因检测场地有限以及提高工作效率的需求，新建或改建的检测站多采用自动追踪光轴式检测仪。

自动追踪光轴式检测仪通过受光器自动追踪光轴的方法检测前照灯发光强度。其构造如图 7-10 所示。

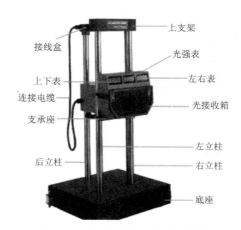

图 7-10 自动追踪光轴式检测仪

3. 自动追光的原理

检测时，前照灯的光束照射到检测仪的受光器上。此时，若前照灯光束照射方向偏斜，则主、副受光器的上下光电池或左右光电池的受光量不等，由其电流的差值使控制受光器上下移动的电动机运转，或使驱动控制箱左右移动的电动机运转，并通过传动机构牵动受光器上下移动或驱动控制箱在轨道上左右移动，直至受光器上下左右光电池受光量相等为止。

任务实施

按照以下任务的技术要求，对轿车的前照灯进行检测，并完成表 7-4 中的内容。

表 7-4 前照灯检测报告单

项目	远光发光强度/cd	项目判定
左外灯		
左内灯		
右内灯		
右外灯		

一、前照灯检测仪的准备

1. 在不受光情况下，检查光度计指针是否对准机械零点。

图 7-11 检查光度计

□ 完成

□ 未完成，原因：

技术要求：若指针失准，可用零点调整螺钉调整。
如图 7-11 所示。

2. 检查聚光透镜和反射镜的镜面上有无污物。

图 7-12　检查聚光透镜和反射镜

□完成
□未完成，原因：
技术要求：可用柔软的布或镜头纸擦拭。
如图 7-12 所示。

3. 检查水准器的技术状况。

图 7-13　检查水准器

□完成
□未完成，原因：
技术要求：若水准器无气泡，应进行修理或更换。若气泡不在红线框内，可用水准器调节器或垫片进行调整。
如图 7-13 所示。

4. 检查导轨是否有泥土等杂物。

图 7-14　检查导轨

□完成
□未完成，原因：
技术要求：保持导轨干净，检测仪能在导轨上顺利移动。
如图 7-14 所示。

二、被检车辆的准备

1. 清洁前照灯。

图 7-15　清洁前照灯

□完成
□未完成，原因：
技术要求：保持前照灯清洁无油污。
如图 7-15 所示。

2. 保证轮胎气压符合汽车制造厂的规定。

图 7-16　检查胎压

□完成
□未完成，原因：
技术要求：轮胎胎压应在规定的范围之内。
如图 7-16 所示。

3. 保证前照灯开关和变光器处于良好状态。

图 7-17　操作前照灯开关

□完成
□未完成，原因：
技术要求：在正式检测前操作前照灯开关，确保远光灯能正常开启。
如图 7-17 所示。

4. 使汽车蓄电池和充电系统处于良好状态。

图 7-18　启动状态下检测蓄电池电压

□完成
□未完成，原因：
技术要求：蓄电池电压和充电系统应正常，以免因亏电造成发光强度下降。
如图 7-18 所示。

三、远光灯发光强度检测步骤

1.被检汽车尽可能地与前照灯检测仪的轨道保持垂直方向。

图 7-19　汽车沿引导线前行

□完成
□未完成，原因：
技术要求：车轮沿引导线前行。
如图 7-19 所示。

2. 前照灯与检测仪受光器之间达到规定的检测距离(通常为1m)。

□完成
□未完成，原因：
技术要求：请根据屏幕提醒操作汽车前进或后退，直到距离合适为止。
如图7-20所示。

图7-20　车辆停在检测仪前1m处

3. 打开远光，检测仪与被检车前照灯对正。

□完成
□未完成，原因：
技术要求：在屏幕提醒"开远光灯"后务必及时开启远光灯。
如图7-21所示。

图7-21　打开远光

4. 提高发动机转速，使电源系统处于充电状态。

□完成
□未完成，原因：
技术要求：轻踩油门踏板，提高发动机转速。
如图7-22所示。

图7-22　提高发动机转速

5. 检测仪自动检测发光强度。

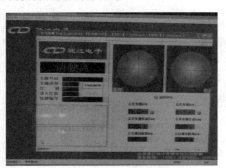

□完成
□未完成，原因：
技术要求：检测完一只前照灯后用同样的方法检测另一只，某些检测站是两个检测仪同时检测。
如图7-23所示。

图7-23　发光强度值界面

6. 检测结束后，前照灯检测仪沿轨道或沿地面退回护栏内，汽车驶出。

□ 完成

□ 未完成，原因：

技术要求：等屏幕出现"请驶离本工位"且两侧的检测仪完全退回后方可起步。

如图 7-24 所示。

图 7-24　汽车驶离检测工位

学习任务评价表

时间：40 min　　　小组_____　　　姓名_____

评价项目	评价标准	配分	自评		互评	
			等级	得分	等级	得分
素养能力	穿工装，做好劳动保护措施	10				
	遵守纪律，遵守学习场所管理规定，服从安排	10				
	具有安全意识、责任意识、5S 管理意识，注重节约、节能与环保	10				
	具有团队合作意识、注重沟通，能自主学习和相互协作	10				
专业知识与能力	了解前照灯基本组成及配光特征	5				
	掌握前照灯的评价指标	10				
	正确使用前照灯检测仪	10				
	对检测结果进行合格性判定	5				
	对不合格的结果给出维修建议	10				
按时完成	在规定的时间内完成检测项目	20				
个人自评与小组互评得分						
教师反馈						
教师评价						

实际完成时间：_____　　　　考核教师：_____

备注：评价等级为掌握、基本掌握、没有掌握。

案例回顾与解析

小赵的 2015 款速腾 1.4T 轿车在年检时，显示前照灯检测不合格，具体检测结果报告单如表 7-5 所示。请你向小赵解释前照灯检测不合格的原因并提出合理的维修建议。

表 7-5 汽车前照灯检测报告单

项目	远光发光强度(cd)	项目判定
左外灯	11 500	×
左内灯	—	
右内灯	—	
右外灯	15 000	○

1. 不合格判定理由

根据《机动车运行安全技术条件》(GB 7258—2017)中 8.5.2 的相关要求，采用四灯制的机动车可以只检测两只对称的远光灯，但是要达到两灯制的要求。小赵的车的左外远光灯发光强度为 11 500cd，低于二灯制要求的 15 000cd，故判定该车前照灯检测结果不合格。

2. 远光灯发光强度偏低原因及维修建议

(1) 检查前照灯反光镜是否明亮，如昏暗或镀层剥落或发黑，应更换。

(2) 检查灯泡是否老化，质量是否符合要求，如老化或质量不符合要求，应更换。

(3) 检查蓄电池端电压是否偏低，如端电压偏低，应先充足电再检测。送检汽车普遍存在蓄电池电量不足、端电压偏低的现象。若由蓄电池供电，前照灯发光强度一般很难达到标准的规定，若由发电机供电则多数可达到标准规定。

3. 左右远光灯发光强度不一致原因及维修建议

检查发光强度偏低的前照灯的反射镜是否灰暗、灯泡是否老化、质量是否符合要求，一般多为搭铁线路接触不良。

创新与拓展

问题描述	前照灯射出的强光会使迎面而来的车驾驶员炫目，故汽车前照灯应具有防眩目装置，以免夜间两车交会时使对面汽车的驾驶员炫目而导致交通事故。请你根据所学内容和查阅相关文献后设计一种汽车前照灯防炫目方案
创新创效点	
关键技术和主要技术指标	

项目七 汽车前照灯检测

实现方法或途径	

汽车前照灯检测

参 考 文 献

[1] 吴兴敏，李晓峰. 汽车整车性能检测[M]. 北京：北京理工大学出版社，2018.

[2] 高谋荣，曹家喆. 汽车性能检测技术[M]. 北京：机械工业出版社，2015.

[3] 戴建营. 汽车使用性能与检测[M]. 北京：中国人民大学出版社，2021.

[4] 张斌，崔雯辉，豆建芳. 汽车使用性能与检测[M]. 长春：吉林大学出版社，2018.

[5] 李海波，李苏婷，刘红忠. 汽车使用性能与检测[M]. 天津：天津科学技术出版社，2020.

[6] 巩航军. 汽车使用性能与检测技术[M]. 北京：人民交通出版社，2017.

[7] 栾庭森. 汽车使用性能与检测技术[M]. 哈尔滨：哈尔滨工业大学出版社，2017.

[8] 余志生. 汽车理论[M]. 北京：机械工业出版社，2016.